続

なぜ、企業は不祥事を繰り返すのか

重大事件から学ぶ失敗の教訓

警察大学校 教授 樋口晴彦 [著]

B&Tブックス
日刊工業新聞社

はじめに

　本書は、2015年に上梓した前著『なぜ、企業は不祥事を繰り返すのか』の続編である。不祥事の事例分析としては、第1章で「東芝の不正会計事件」「WECの巨額損失隠蔽問題と東芝の経営悪化」「東洋ゴム工業の免震ゴム性能偽装事件」などを取り上げ、前著と同様に不祥事を引き起こしたメカニズムを分析し、その反省教訓を抽出した。

　その中でも東芝事件の分析は、筆者が1年近い期間を費やして研究した成果である。同社の不正会計を誘発し、ひいては経営悪化に至らしめた様々な要素は、読者諸兄の企業にも当てはまるものが少なくないだろう。言い換えれば、どの企業も数年後には「東芝」と化している可能性があるということだ。

　第2章では、「ペヤングソースやきそばのネット炎上事件」「高速増殖炉「もんじゅ」のナトリウム漏れ事故」などを取り上げ、緊急時に企業が生き残るための危機管理について論じた。そして本書の後半では、前著では触れなかったテーマとして、「不祥事を起こさない組織を作るにはどうすればよいか」について、業務改革、人材の育成・活用、リーダーシップの在り方などの面から持論を展開した。

　本書の執筆に当たっては、様々な資料を多面的に突き合わせて実証的な分析を心掛けたが、入手可能な情報に限界があることから、一部に事実誤認や分析の偏向が存在する可能性を否定できない。この点については、読者からご指摘をいただければまことに有難い。

　本書の執筆に当たって様々な形でお世話になった皆様に対し、あらためて心から感謝を申し上げる。最後に、本書を長女美里と長男芳晴に捧げる。父は微力であるが、君達のためにより良い未来を創ろうと努力している。

平成29年10月

　　　　　　　　　　　　　　　　　　　　　樋口　　晴彦

目　次

はじめに ……………………………………………………………………………… 1

第1章　無くならない不祥事

第1講 **東芝の不正会計事件** …………………………………… 6
－会社ぐるみの不正を生み出した米国流の組織文化－

第2講 **WECの巨額損失隠蔽問題と東芝の経営悪化** ………… 23
－どうして日本企業によるM&Aは失敗続きなのか－

第3講 **東洋ゴム工業の免震ゴム性能偽装事件** ……………… 39
－「我が社の不祥事防止対策は大丈夫か」と疑え－

第4講 **労働者健康福祉機構の虚偽報告事件** ………………… 53
－「天下り」によって醸成された無責任体質－

第5講 **日本交通技術の外国公務員贈賄事件** ………………… 65
－「会社のために」不正を犯す社員たち－

第2章　企業が生き残るための　　危機管理

第6講 **ペヤングソースやきそばのネット炎上事件** …………… 78
－クレームの潜在的リスクを見極めよ－

第7講 **シンドラー社製エレベーター死亡事故** ………………… 84
－虚偽情報に踊らないように情報リテラシーを鍛えよ－

| 第8講 | 高速増殖炉「もんじゅ」のナトリウム漏れ事故 | 94 |
| | －危機管理が始まる前に勝負は決している－ | |

| 第9講 | 不正アクセスによる情報流出事件 | 106 |
| | －リスク管理でも「選択と集中」が必要－ | |

| 第10講 | どうして危険なナイロンザイルが放置されたのか | 112 |
| | －権威に追従して思考停止に陥るな－ | |

| 第11講 | ヒトラーの資源戦略とレアアース問題 | 117 |
| | －BCPの基本は自らの脆弱性を分析すること－ | |

第3章　あなたの組織は大丈夫か

| 第12講 | 不正会計事件を生み出す職場 | 126 |
| | －危ない職場を見つけるためのチェックポイント－ | |

| 第13講 | どうして無駄な会議が無くならないのか | 131 |
| | －制度を形だけ導入してもダメな組織には根付かない－ | |

| 第14講 | 不祥事対策にもコスト・パフォーマンスの意識を | 136 |
| | －コンプライアンス特別勘定のすすめ－ | |

| 第15講 | パワハラ問題から逃げずに正対せよ | 141 |
| | －パワハラを怖れて委縮する中間管理職－ | |

| 第16講 | マタハラ問題を巡る企業の責任 | 148 |
| | －難しい問題ほど説明責任を果たせ－ | |

| 第17講 | サリドマイド薬害事件 | 154 |
| | －いざという時に「No」と言えるようになれ－ | |

第4章　企業は人なり

第18講 傍観者となった社員たちが企業を滅ぼす　　　　172
ー『どうにかなろう』は破滅のキーワードー

第19講 新参者が事故に遭いやすいことに注意せよ　　　178
ー現場のコミュニケーションは大丈夫かー

第20講 韓国企業の研修生による技術窃盗事件　　　　182
ー価値観が異なる外国人に日本人の善意は通用しないー

第21講 トラブル山積の銀行窓販問題　　　　189
ー短期的業績のために信用をカネに換えてよいのかー

第22講 オリンパスの内視鏡事業を育てた男たち　　　197
ーイノベーションを欲するならイノベーターを粗末にするなー

第5章　リーダーの器

第23講 過去の不祥事をきちんと伝承せよ　　　　206
ー教訓を歪曲する経営者ー

第24講 「最高の総務課長」ではトップは務まらない　　210
ー日本経済を漂流させる「裸の王様」たちー

第25講 日本一の優良企業・エーワン精密の
強さの秘密　　　　218
ー何のために効率性を追求しているのかー

第26講 経営における正義とは　　　　230
ーオメラスから立ち去る勇気ー

4

第1章

無くならない
不祥事

第1章　無くならない不祥事

第1講

東芝の不正会計事件

―会社ぐるみの不正を生み出した米国流の組織文化―

 オリンパス事件よりも悪質な不正会計

　2015年2月、東芝の不正会計事件が発覚した。第三者委員会が調査を行ったところ、2008年度から2014年度第3四半期までに、連結の売上額で合計149億円、税引前利益で合計1,518億円もの修正が必要であることが判明した。表1の修正額の赤字（▲表示）が不正会計による水増し額、黒字が不正会計累積額（東芝では『借金』と呼んでいた）の解消分である。

　不正会計の態様は、①工事進行基準関係の不正（工事問題）、②映像事業の経費計上関係の不正（キャリーオーバー問題）、③パソコン事業の部品取引関係の不正（バイセル問題）、④半導体事業の原価計算の不正（半導体問題）の4類型に大別される。不正発覚時の2014年度第3四半期末における『借金』の残額（未解消分）は、バイセル問題が計592億円（全体の39.0%）、工事問題が計477億円（同31.4%）、半導体問題が計360億円（同23.7%）の順であった。

　この件について東芝側では「不適切会計問題」と呼称している。しかし実際には、利益水増しの意図のもとに、組織的に会計原則に反する会計処理を実行していた「不正会計事件」である。さらに言えば、その態様も極めて悪質だ。

第1講　東芝の不正会計事件

　読者諸兄は、最近の巨額不正会計事件として、筆者の前著『なぜ、企業は不祥事を繰り返すのか』でも紹介したオリンパス事件を思い浮かべるであろう。オリンパスでは90年代の投資失敗による損失を海外のファンドに「飛ばし」ていたが、それを処理するためにM&A絡みで不正な会計処理を行った。金額的には約1,200億円と東芝と同レベルであるが、内容的には大きな違いがある。

　オリンパスの場合には、不正な会計処理に携わっていたのは経営トップとごく一部の財務担当者だけで、一般の事業部はまったく関係していなかった。しかし東芝では、2014年時点の7社のカンパニー（事業部門を独立した会社に見立てて運営する社内カンパニー）のうち5社（電力システム社、社会インフラシステム社、コミュニティ・ソリューション社、セミコンダクター&ストレージ社、パーソナル&クライアントソリューション社）で不正会計が行われていた。さらに、経営トップのみならず、経理・財務関係者や事業部の担当者など膨大な数の社員が関与していた。その意味では、オリンパス事件よりもはるかに悪質な不正会計事件である。

表1　第三者委員会の調査による連結会計年度別修正額

（単位：億円）

		2008年度	2009年度	2010年度	2011年度	2012年度	2013年度	2014年度 1Q-3Q	合計
工事問題	売上	▲40		53	▲2	▲30	▲73	▲37	▲128
	税前利益	▲36	1	71	▲79	▲180	▲245	▲9	▲477
キャリーオーバー問題	売上				▲3	2	▲5	▲15	▲21
	税前利益	▲53	▲78	▲82	32	▲1	30	64	▲88
バイセル問題	売上								
	税前利益	▲193	▲291	112	▲161	▲310	▲3	255	▲592
半導体問題	売上								
	税前利益		▲32	▲16	▲104	▲368	165	▲5	▲360
合計	売上	▲40		53	▲5	▲28	▲78	▲52	▲149
	税前利益	▲282	▲400	84	▲312	▲858	▲54	304	▲1518

（第三者委員会報告書20頁）

第1章　無くならない不祥事

💥 工事問題の手口

　東芝の基本的な経営スタイルは、各カンパニーの社長に広範な業務執行権限を委ね、本社は、「社長月例」（正式名称は「全社月例報告会」）と呼ばれる会議で各カンパニーから業績報告を受け、その際に代表執行役社長（CEO）が必要に応じて業績改善の指示を下すこととしていた。ちなみに、この指示は社内で「チャレンジ」と呼ばれていた。

　工事問題では、電力や社会インフラなどの工事関係で赤字となった一部案件について、工事損失引当金の計上を先送りするなどの手法で、当期利益を水増ししていた。東芝のカンパニーのうち、電力システム社、社会インフラシステム社、コミュニティ・ソリューション社で、この態様の不正会計が行われていた。第三者委員会報告書には、工事問題についてA～Kの11案件が記述されているが、その典型として、H案件について紹介する。

　H案件は、2013年に東京電力からスマートメーターの通信システム及び機器（約2,700万台）の製造開発を受注したものである。東芝では、同案件のNET（見積工事原価総額）を457億円と算出していたが、落札金額はわずか399億円（このうち東芝の収益は319億円）であった。このように無理な受注をしたのは、スマートメーター事業の将来性に期待して、「戦略案件」と位置付けたためである。

　東芝では、スマートメーター事業を加速するため、2011年にスイスのランディス・ギア社（L+G社）を約23億ドルで買収していた。しかし、H案件で東京電力が要求した仕様は非常に高度で、L+G社の技術では十分に対応できなかったことから開発は難航し、2014年3月時点のNETは617億円に膨張していた。これでは、今後いかにコスト削減に努めたとしても、巨額の工事損失が発生することは不可避であった。

　東芝が採用していた「工事進行基準」（工事案件における会計処理のやり方）では、NETが工事収益を超過する赤字案件については、会計の基本原則である「保守主義の原則」に基づき、赤字が見込まれた時点で工事損失を一括計上しなければいけなかった。しかし2013年度決算

8

では、H案件について工事損失引当金を計上せず、当期利益を255億円も水増ししたのである。

こうした工事問題の不正な会計処理については、カンパニーの社長や経理部（東芝では各カンパニーに経理部を配置）だけでなく、本社の社長、CFO（最高財務責任者）や財務部（カンパニー経理部を監督する部署）も承知していた。なお、工事問題では、**表1**が示すように2011年度以降に『借金』が急増している。2011年3月に東日本大震災と福島原発事故が発生し、さらにその後の円高など経営環境の悪化により社会インフラ関係のカンパニーの業績が低落したため、利益水増し額が膨張したのである。

キャリーオーバー問題の手口

パーソナル＆クライアントソリューション社管轄の映像事業（テレビの製造販売）では、海外販社における販売促進費などの引当金を計上しなかったり、協力会社に依頼して請求書の発行を延期してもらって経費の計上を翌期に先延ばししたりして、当期利益を水増しする不正会計の手法をキャリーオーバー（C/O）と称していた。これは、「すべての費用及び収益は、その支出及び収入に基づいて計上し、その発生した期間に正しく割当てられるように処理しなければならない」という企業会計の「発生主義・実現主義の原則」に反する不正な会計処理である。

映像事業は、薄型テレビの競争激化による単価下落のため慢性的な業績不振に陥っており、それを糊塗する目的で計画的に不正な会計処理が実行されていた。カンパニーでは、四半期毎に「C/O残高表」を取りまとめてキャリーオーバーの残額を把握した上で、担当部署に今期に達成すべきキャリーオーバーの金額を具体的に指示し、さらには新しい手口を案出するなど、キャリーオーバーがルーティーン業務と化していた。また、本社の社長・CFO・財務部にも、キャリーオーバーの残高やその増減について報告がなされていた。

なお、**表1**が示すようにキャリーオーバー問題では、2011年度以降に

『借金』の解消が進んでいるが、業績の好転によるものではない。2011年度には、エコポイント制度や地上デジタル波への移行による買換需要が終了した反動で、映像事業で巨額の赤字が発生したため、同事業を将来的に整理（売却）する案が浮上した。それに備えて、キャリーオーバー問題の『借金』の後始末が段階的に実施されたと考えられる。

バイセル問題の手口

　パーソナル&クライアントソリューション社管轄のパソコン事業では、台湾の受託企業が開発・製造した製品を、東芝のブランドで販売するというODM（Original Design Manufacturing）が行われていた。具体的には、東芝側がパソコンの主要部品を台湾企業に有償支給→台湾企業がパソコンを製造→完成品のパソコンを東芝に納入というプロセスとなり、この取引をバイセル（Buy-Sell）取引と呼ぶ。ただし、バイセル取引は他の大手パソコンメーカーも実施している手法であり、それ自体は必ずしも不適切な会計処理ではない。

　バイセル取引で台湾企業に部品を有償支給（＝東芝が販売）する際には、実際の調達価格を秘匿するためにマスキング価格を使用することが通例であるが、そのときにマスキング価格と調達価格の差額が利益として扱われる。将来的には、当該部品を使用したパソコンを納品（＝東芝が購入）した時点で相殺されるが、それまでの間、帳簿上では東芝側に利益が一時的に計上されるのだ。東芝では、台湾企業と協議して、期末に本来の所要量以上に部品を大量支給するとともに、マスキング価格を高額（2012年度及び2013年度には調達価格の5.2倍）に設定することにより、利益を水増ししていたのである。

　バイセル問題の発端は、2008年度にリーマンショックなどでパソコン事業の業績が悪化した際に、西田社長（当時）が強くチャレンジを要求したことだった。当初は非常対策と認識されていたが、その後も厳しいチャレンジが課せられたため、継続的に不正会計が実施されるようになった。

その具体的な運用は、四半期の業績見積を踏まえてカンパニー社長が調達部門と相談し、利益水増し額を決定した上で、調達部門が台湾企業と部品の種類・数量・価格について交渉をするという順序であった。本社の社長・CFO・財務部も関与し、カンパニーと一体となってバイセル取引を管理していた。

バイセル問題では、表1に示すように2008年度・2009年度・2011年度・2012年度にそれぞれ巨額の利益水増しが行われたが、いずれもパソコン事業の業績不振を踏まえたものであった。なお、2014年度に『借金』が縮小したのは、パソコン事業の経営環境が悪化した結果、新興国市場から事業撤退する案が浮上し、『借金』の後始末が開始されたと考えられる。

半導体問題の手口

セミコンダクター&ストレージ社管轄の半導体事業では、予算上の工場操業度・材料費・労務費等に基づいて算出される標準原価（TOV）を用いて原価計算を行っていた。半導体の製造工程は前工程と後工程に分かれており、原価差額（TOVと実際の原価との差額）も工程別に発生するが、東芝では、両工程の原価差額を合計した上で、数量に応じて「前工程期末在庫」「後工程期末在庫」「売上原価」にそれぞれ配賦する簡便な会計処理（合算配賦法）を採用していた。

ところが、2011年度以降、東芝では前工程のTOVだけを増額する臨時的な改訂を頻繁に実施したため、後工程では負の原価差額が発生し、それを売上原価にも配賦（＝売上原価を減額）することで当期利益が名目的に増大した。非常にテクニカルな手口であるが、半導体事業はもともとの売上規模が大きいので、2012年度には368億円もの利益が水増しされた。

ちなみに、このTOV改訂について、「損益を適時に把握するという観点から行ったもので、利益嵩上げの意図はない」と東芝側は弁明している。しかし、そうであれば後工程のTOVも一緒に改訂すべきである。

それを実施していない以上は、利益水増しのための不正な会計処理と言わざるを得ない。ちなみに、本社の社長・CFO・財務部も半導体問題による利益粉飾額について、社長月例の際に報告を受けていた。

半導体問題では、表1に示すように2011年度と2012年度に巨額の利益水増しが行われている。半導体事業は2010年度に巨額の黒字を挙げたが、2011年度以降は円高などにより利益が急減したことから、それを糊塗するために不正な会計処理が実施されたと認められる。

経営プロセスの一部と化していた不正会計

次に、角度を変えて、年度別に東芝の経営実績と不正会計の実行状況を照合してみよう。

2008年度の利益粉飾額は計282億円、そのうち193億円がバイセル問題であり、リーマンショックによるPC事業の低迷を反映している。

2009年6月に原子力畑の佐々木氏が社長に就任したのは、これまで成長事業とされていたテレビやPCがリーマンショックにより失速し、その代わりに原子力事業が成長事業に浮上したことによる。2009年度の利益粉飾額は計400億円と悪化し、そのうち291億円がバイセル問題であった。

2010年度の業績は非常に好調であり、過去の『借金』をすべて解消することも可能であったが、同年度の解消額は計84億円にとどまった。キャリーオーバー問題で利益粉飾額が逆に82億円も拡大したのは、映像事業が引き続き低迷したためである。

2011年度は、急激な円高の進行など経営環境の「6重苦」に苦しみ、業績は大きく落ち込んだ。同年度の利益粉飾額は計312億円であり、そのうち161億円がバイセル問題、104億円が半導体問題であった。半導体問題では、急減した利益を水増しする目的で「TOV改訂による利益の過大計上」が発案された。

2012年度も引き続き業績は沈滞して同年度の利益粉飾額は計858億円に膨張し、そのうち310億円がバイセル問題、368億円が半導体問題で

あった。2013年6月に佐々木氏が社長から退任したのは、2011年以降の急速な経営悪化によるものである。

佐々木社長時代に過大な目標を設定しては、それを偽装するために巨額の『借金』を積み上げたという反省を踏まえ、2013年度の経営方針では目標を大幅に下方修正した。同年度には、社会インフラ事業での利益急減を偽装するために工事問題で245億円の利益粉飾が行われたが、逆に半導体問題では165億円も『借金』解消がなされたことから、差し引きの利益粉飾額は計54億円にとどまった。

以上のとおり、経営方針の変遷・事業部門の業績の好不調・不正会計の規模には密接な関連性が認められる。言い換えると、東芝の経営管理プロセスの中に、不正会計が暗黙の裡にビルトインされていたのである。

当期利益至上主義の組織文化

東芝で広範に不正会計が行われた原因として、本社社長を始めとする経営幹部が利益積み増しを求める「チャレンジ」を指示し、それが過度のプレッシャーとなって、関係者が心理的に追い込まれたことはよく知られている。この「チャレンジ」では、厳しく叱責するだけでなく、当該事業からの撤退を示唆して脅迫するケースも散見された。

例えば、バイセル問題に関して西田社長（当時）は、「利益は、＋100億円改善がミニマム」、「死に物狂いでやってくれ」、「このままでは再点検グループになってしまう。事業を持っていても仕様がない。『持つべきかどうか』というレベルになっている。それでいいなら＋100億円やらなくていい。但し（パソコン事業の）売却になる。事業を死守したいなら、最低100億円やること」（第三者委員会報告書223頁）と指示している。

かくして社長から下されたチャレンジは、カンパニーから事業部へ、そして部、課へと上意下達で伝えられ、具体的な数値目標が割り当てられた。その数値目標の達成に向けて部下にプレッシャーをかけるため、

現場ではパワハラが横行していた模様である。

日経ビジネス2015年8月31日号記事「現場から悲鳴が噴出　告発が暴いた「病巣」」のインタビュー記事によれば、「調達部門へのコスト削減要求は高まる一方だ。私のグループだけで、年間数億円のコスト削減が「チャレンジ」目標として課せられている。とても達成できない。(中略)難しいと思っていても、「この施策にコミットするんだな」と詰め寄られれば、「がんばります」としか言えない。そして未達の可能性が高まれば口汚く罵られ、新しい施策をひねり出さざるを得ない…。この無限ループで、頭がおかしくなりそうだ。

(中略)月1回の会議が、週1回、今では連日開かれている。1日で交渉が大きく進捗するわけがない。大勢の前でつるし上げて、プレッシャーを与える狙いだろう。現に別の課の管理職らが耐えきれず、心の病気で休んでいる。(中略)会議で口汚く罵る上司も、別の場所では「厳しいことを言っているが、俺も上から責められているんだ」と打ち明ける。彼らも上の会議体では、私と同じようにつるし上げられているのだろう」(同27頁)とされる。

ただし、厳しい「チャレンジ」がすべての原因というわけではない。一部の案件では、上級幹部の関知しないところで、担当者が自発的に不正会計を発案・実行していた。いかにも日本人らしい話だが、相当数の社員が「チャレンジ」の達成に向けて使命感を持って『努力』していたのである。

こうした関係者の心理について、日経ビジネス2015年10月12日号記事「東芝　偽りの再出発」には、「「(不正会計によって)社内では虚実2つの数字が並走している。そのギャップはチャレンジの成果を意味し、つまり一人ひとりの腕の見せどころになっている」。前出の40代管理職は打ち明け、さらにこう付け加える。「不正会計の罪悪感よりも、私たちの間ではチャレンジを遂げたという達成感さえ漂っていた」」(同12頁)とされる。

また、東芝ではセクショナリズム的発想が非常に強かったようだ。前述のとおり2010年度には東芝全体の業績が非常に好調であり、その潤

沢な利益を投入すれば、それまでの『借金』をすべて解消することが可能であった。それにもかかわらず、個々の事業部レベルで利益が不足していれば、『借金』の解消を認めなかったことが、不正会計の長期化の一因となった。

こうした問題の背景に存在していたのが、「当期利益至上主義の組織文化」である。利益目標の達成を追求する成果主義が社内に深く浸透し、組織文化にまで発展・強化されたものだ。ちなみに、『当期』としているのは、長期的な利益ではなく、当期（又は当四半期）の利益の最大化を指向しているという意味である。

かつて筆者は、「海上自衛隊イージス防衛秘密流出事件」「加ト吉循環取引事件」「赤福食品衛生法等違反事件」「中国電力島根原発点検時期超過事件」「大王製紙会長による特別背任事件」の5件の不祥事を分析し、組織文化が過剰に強かったために、コンプライアンスが相対的に軽視され、さらにリスク管理体制の機能も低下していたことを明らかにした。その上で、このように強すぎる組織文化が不祥事を誘発するメカニズムを「組織文化の過剰性のリスク」と整理した。

東芝でも、当期利益至上主義の組織文化が強すぎたために「組織文化の過剰性のリスク」が発現したのである。各事業部門では当期の利益目標の達成が至上課題とされ、経営幹部は過度のプレッシャーをかけて部下を追い込み、内部統制機関である経理・財務のスタッフは不正な会計処理を放置し、社員は自発的に不正会計の手口を立案し、さらに事業部門別のセクショナリズムが蔓延して『借金』の解消が遅れたのである。

✸ MI運動の「成果」

それでは、この当期利益至上主義という特異な組織文化は、どうやって形成されたのだろうか。その契機は、東芝が1999年に開始したMI（Management Innovation）運動である。

東芝では、90年代後半に業績が悪化したことから、当時の社長であった西室泰三氏のイニシアティブにより、1999年からMI運動を開始し

た。各事業部門を独立した会社に見立てて運営する「社内カンパニー制」を導入したのも1999年であり、同年は東芝における組織変革の出発点と言えよう。

MI運動が模範としたのは、GE社の「シックスシグマ」である。これは、統計的な数値管理により業務改善を進める経営手法であるが、製造部門の品質問題にとどまらず、経営全体の改革に適用した点が特徴である。MI運動では、ドラスティックなコスト削減を遂行するためにトップダウン型を強調するとともに、経営改善を不断に推進するための組織文化を社内に形成することが目標とされた。その新しい組織文化の基礎とされたのが成果主義である。

カンパニー別に厳しい目標管理が行われるようになり、その指標として、四半期毎の営業利益や予算達成度が重視されるようになった。また、個人レベルの業績評価でも、「ポジションリンク年俸制」を導入して、定額の「基礎年俸」と、部門業績によって大きく変動する「役割年俸」の二本立てとする成果主義的な報酬体系を導入し、目標達成を希求する強いインセンティブを与えた。その結果、2005年に西田氏が社長に就任した時点で、東芝には当期利益至上主義の組織文化が根付いていたとされる。

ちなみに、かつての東芝は、ブランド力や東京電力などの重要顧客とのコネクションに依存するところが大きく、守備型・調整型の社風で「公家」と呼ばれていた。しかし、筆者が同業他社から事情聴取したところでは、近年の東芝はいたずらに攻撃的になり、独善的に自社の利益を追求する姿勢が目立っていたという。MI運動の結果、個々の東芝社員の行動様式が大きく変質したことを示すものである。

以上のように、東芝では、業績改善のために数値管理を重視する米国流の組織文化を人為的に構築したことが不正会計事件を誘発した。筆者は、トップダウンや成果主義を必ずしも否定するつもりはないが、こうした経営手法は、ともすればバランスを失してしまって、経営者の暴走などの問題が起こりがちであることに留意しなければならない。そうした事態を予防するには、経営者に対する牽制として企業統治を強化する

ことで、経営者が絶対的な権力者ではなく、株主から企業経営という仕事を委託された存在にすぎないことを、経営者本人や部下に常に意識させるようにする必要があるだろう。

 迎合という処世術

　東芝では、利益を水増しするために、組織的・計画的・継続的に不正会計が実行されていた。しかも、経営幹部や事業部門だけでなく、内部統制機関として適正な会計処理のために尽力すべきカンパニー経理部や本社財務部でさえも不正会計に協力していたのである。社内で不正会計を認識していた者は、おそらく優に一千人を超えるであろう。しかし、少なくとも筆者の知る限りでは、不正会計に断固として抵抗した社員は一人もなく、東芝の内部通報窓口には一件の通報さえもなされなかった。

　前述のようにトップダウン型の経営方式に移行して強い権限を得た上位者が、当期利益至上主義に基づく厳しい業績管理を継続的に実施したことにより、下位者にとっては上位者に迎合することが処世術となった。その結果、「上司の意向には決して逆らってはならない」という意識が形成されたのである。

　例えば、2013年度にCFOだった久保氏は、会計の最高責任者、業務全般について監視義務を負う取締役、さらに代表権を持つ執行役として、田中社長（当時）を制肘するのに十分な権限を有していた上に、自らもバイセル取引の拡大には反対の考えであった。それにもかかわらず、「田中久雄P（社長）が決断された場合は、100％従います」（第三者委員会報告書231頁）と不正な会計処理を続けていた。つまり、「上司とその部下」という感覚で服従していたのである。

　東芝では、不正会計の指示以外にも、経営幹部が実現不可能な目標を一方的に設定したり、あるいは社内ルールを無視したりするなど、業務管理の面で不適切な行為が多々認められた。このように恣意的な管理手法が常態化したのも、下位者が上位者に対して卑屈なほどに従順であったためであろう。

また、本事件では、根拠のない過大な売上目標やコスト削減計画を上位者に報告していたケースが散見される。例えば、前述した工事問題のH案件では、カンパニー側が2013年9月に田中社長に報告した際に、現状の損失見積額▲122億円に対し、具体的なコスト削減策の裏付けがないにもかかわらず、目標値を▲42億円と説明していた。上位者に迎合しようとするあまり、上位者が求めている数字を捏造して「その場しのぎ」を重ねていたのである。

企業統治の形骸化

　経営トップが不正会計を主導していた場合、社内役員がそれに迎合しやすいことは言うまでもなく、社外役員による企業統治が非常に重要となる。委員会等設置会社である東芝は、企業統治の先進的企業と目されていたが、実際には、社外取締役は議論にほとんど参加していなかった。

　その理由として、取締役会に対する業務説明の不足や、討議時間を十分に確保していなかった問題が挙げられている。しかし社外取締役としては、その職務を果たすため、会社側に対してより詳細な業務説明や討議時間の延長を求めなければならないはずだが、そうした点について主張した形跡は見当たらない。

　東芝の社外取締役の構成は、弁護士・経営者・元外交官・学者各1人が「枠」として固定されていた。こうして「枠」に基づいて社外役員を選任する場合、必ずしも人物本位ではないことが多い。また、経営実務に疎い弁護士・元外交官・学者を社外取締役として選任すること自体が疑問である。そもそも財務諸表を読めない者に、経営を監視する仕事が務まるわけがない。結局のところ、東芝側としては、企業統治に先進的であると世間向けに装う一方で、実際に社外取締役が経営内容に容喙することは望んでおらず、「お飾り」となってくれる人物を選んでいたのだろう。

　ちなみに、委員会等設置会社である東芝では、取締役会の中に監査・

指名・報酬の３委員会が設置されていた。

　監査委員会は５人の委員から構成され、そのうち３人が社外取締役であった。その名称が示すように会計監査を指導する機関であるが、同委員会は、工事問題の一部案件やバイセル問題について不審点を認識し、あるいは認識可能であったにもかかわらず、しかるべき対応をしていない。2011年度以降、同委員会の委員長にはCFO経験者（村岡氏・久保氏）が就任しており、自らが過去に関与した会計処理に対して監査を行うという自己監査に陥っていたことから、不正会計を看過したものである。

　指名委員会は３人の委員から構成され、そのうち２人が社外取締役であり、委員長も社外取締役が務めていた。しかし同委員会では、取締役や執行役の選定基準や選定プロセスさえ決めておらず、社長の用意した人事案をそのまま承認するだけであった。かくして社長が他の執行役に対して強力な人事権を揮えたことが、前述の上位者への迎合を助長した。

　報酬委員会は５人の委員から構成され、そのうち３人が社外取締役であり、委員長は社外取締役が務めていた。しかし、残る２人の社内委員には会長と社長が就任しており、委員会の主導権をこの２人が握っていたことは明らかだった。ちなみに、東芝の経営状態が悪化して『借金』が膨張した2011年度及び2012年度に、西田会長や佐々木社長はともに１億円を超える高額報酬を受けていた。まさに「お手盛り」と言わざるを得ない。

　筆者の前著『なぜ、企業は不祥事を繰り返すのか』では、大王製紙特別背任事件及びオリンパス不正会計事件について、経営常識から見て明らかに異常な事態が発生し、それを十分に認識できる状況であったにもかかわらず、社外取締役や社外監査役が沈黙していたと指摘した。この原因メカニズムを「企業統治の機能不全のリスク」と呼ぶ。近年、日本企業では社外役員の導入が進展しているが、東芝と同様に企業統治が形骸化しているケースは決して少なくないように思われる。

　企業統治の実質を回復するには、経営者からの独立性と監視能力の面で適切な人物を社外役員に選任すればよい。しかし、社外役員を実質的に選任しているのは、監視される側の経営者であるというジレンマが存

在する。株主、その中でも特に機関投資家が、株主としての権利をきちんと行使しなければ、この問題の解決は難しいと言わざるを得ない。

 ## 内部統制機関の機能不全

　東芝では、経理関係をチェックする部署として、各カンパニーに経理部、そして本社に財務部を置いていた。これらの部署は、適切な会計処理を担保すべき立場にもかかわらず、経営幹部をサポートする形で不正な会計処理を組織的に推進していた。

　その原因として第1に挙げられるのは、カンパニー経理部の業績評価が各カンパニーの業績と連動していたことである。成果主義の評価制度の下では、カンパニーが不正会計により利益を水増しするほうが、経理部にとっても好ましかったというわけだ。こうした問題を予防するには、カンパニー経理部に対する人事権や業績評価権をカンパニーから切り離すとともに、その報酬についてもカンパニーではなく会社全体の業績に連動させることが有用である。

　原因の第2は、本社財務部が、適切な会計処理を旨とする「財務会計」だけでなく、会計数値により事業をコントロールする「管理会計」も所掌していたことである。当時の東芝では財務数値の改善が優先課題となっており、財務部にも予算達成に向けた「管理会計」の機能が強く求められていたことから、「財務会計」よりも「管理会計」を優先してしまったのである。

　同様の不祥事の例として、筆者の前著『なぜ、企業は不祥事を繰り返すのか』では、「東海ゴム工業の労働安全衛生法違反事件」について、顧客に対する供給責任とコンプライアンスを両立できないトレードオフ状態に陥った担当者が、供給責任を優先するために敢えて法令違反を犯したと指摘した。こうした問題を予防するには、そもそもトレードオフが発生しないように、財務会計と管理会計をそれぞれ別の部署に所管させるか、あるいは担当者レベルで明確に分離することが有用である。

　原因の第3は、会計業務の特殊性により、いったん経理・財務部門に

配属された社員は、退社まで継続して同部門に配属されることが通例であったため、社内における経理畑の人脈が形成されていたことである。その結果、経理畑の人間関係が濃密となって内部統制環境が悪化して、先輩がレールを敷いた不正な会計処理を盲目的に継続し、あるいは経理畑人脈の頂点に位置するCFOの不正な指示を従順に実行していたのである。こうした経理畑の閉鎖集団化を解消するには、経理・財務部門と他部門の人事交流を励行することが望ましい。ただし、それを実現するためには、部門横断的に基礎的な経理知識を有する人材を育成する仕組みを構築する必要がある。

　さらに東芝では、本社の経営監査部が内部監査業務を担当していたが、会計面での監査は極めて不十分だった。他企業では事業部門に対する内部監査を毎年実施することが一般的であるが、東芝では、カンパニーに対する内部監査は3年に1度という頻度であった。

　経営監査部の体制は、部長（執行役常務）以下35〜60人程度と、東芝グループの規模からすると非常に小さかった。しかも、そのうち経理畑の人材はわずか25％にすぎなかった上に、平均在籍期間は2年未満と非常に短く、監査の経験を蓄積することもできなかった。このように経営監査部の体制が弱かったのは、業績改善に直接寄与しない内部監査業務を経営者が軽視していたからだ。

　その代わりに、経営者が経営監査部に求めたのが、少数精鋭で足りる業績改善のコンサルティング活動であり、その業務を通じて将来の経営幹部を育成することであった。経営監査部の中で、いわゆる幹部候補者（キャリアパス人材）の比率は2割に達していたとされる。平均在籍期間が2年未満と短かったのも、幹部候補者の優秀な人材を出身事業部門から長期間離脱させることができなかったためだ。

　ちなみに、一部の不正会計については、経営監査部が認識していたにもかかわらず、しかるべき対応を取っていなかった。幹部候補者は、将来が約束されたエリートとして保守的になりがちである上に、現経営幹部との接点も多いことから一種のグループシンクに陥りやすく、その一方で、腰掛け的な配属であるために、内部統制部署としての自覚の形成

が困難であったと推察される。

　以上のように東芝では、重要な内部統制部署に対し、統制対象部署からの独立性を減退させる制度や専門的ノウハウの蓄積を困難にする制度を設け、あるいは内部統制に無関係の業務や相互に競合するような業務を兼任させることにより、内部統制機能を弱体化させていた。言い換えると、経理・財務部門や内部監査部門など、内部統制上の要（かなめ）となる部署については、統制対象部署からの独立性の確保に配意するとともに、他の業務を兼任させずに内部統制業務に専念させることが肝要である。

教訓

　成果主義の本家である米国では、経営者交代の際に前任者の経営責任を厳しく追及するため、東芝事件のように多数の社員が関与した不祥事を長期にわたり隠し続けることなどできない。しかし日本企業では、前経営者に対する責任追及はおざなりで、彼らが顧問や相談役の形で会社に留まり続けることも通例であり、「ぬるま湯」のような環境である。そうした組織でトップダウン型の成果主義的経営を強力に推進すれば、経営者が権力に溺れて暴走するのは当然だろう。言い換えれば、米国流経営を日本で機能させるためには、経営者自身も米国流に厳しい責任追及を受けなければならないのだ。

【参考資料】
- 第三者委員会（2015）『調査報告書』
- 東芝（2016）『改善計画・状況報告書（原因の総括と再発防止対策の進捗状況）』
- 樋口晴彦（2015）『なぜ、企業は不祥事を繰り返すのか　―有名事件13の原因メカニズムに迫る―』日刊工業新聞社
- 樋口晴彦（2017）『東芝不正会計事件の研究』白桃書房
- 役員責任調査委員会（2015）『調査報告書』

第2講 WECの巨額損失隠蔽問題と東芝の経営悪化

―どうして日本企業によるM&Aは失敗続きなのか―

 業績の急降下

　不正会計事件後の2015年度における東芝の業績は、売上高が5兆6,686億円に減少し、営業利益は▲7,087億円という巨額の赤字となった。資産価値の低下による減損損失が、2014年度の961億円から、2015年度には4,982億円に急増したことが原因である。

　減損の主なものとしては、①原子力事業で2,476億円（うち連結子会社のウェスティングハウス・エレクトリック社（WEC）関連が2,200億円）、②送変電・配電（T&D）事業で479億円、③POS事業で882億円となっており、その金額の大きさには驚くほかない。

　表1のとおり、全体としては、「のれん」の減損が2,949億円に達し、その期末残高は2014年度の6,585億円から、2015年度には3,375億円に急減した。さらに長期性資産の減損も1,660億円となったが、この中には顧客関連無形資産など「準のれん」というべきものが多く含まれている。ちなみに、長期性資産の減損は売上原価に含まれているため、2015年度の売上原価の対売上高比率は84.9%に急増した。

　この巨額損失をカバーするため、東芝では有価証券の売却を余儀なくされた。2015年度の「その他の収益」の2,280億円のうち、有価証券売却益は1,849億円に達している。さらに同年度末には、子会社の東芝メ

第1章 無くならない不祥事

表1 2014年度及び2015年度の業績

(単位:億円、%)

	2014年度 金額	2014年度 比率	2015年度 金額	2015年度 比率
売上高	61,146	100.0%	56,686	100.0%
その他の収益	1,162	1.9%	2,280	4.0%
売上原価	47,032	76.9%	48,137	84.9%
販売費及び一般管理費	12,230	20.0%	12,687	22.4%
のれん減損損失	0	0.0%	2,949	5.2%
営業利益	1,884		▲7,087	
事業売却益(税効果後)	▲326	−0.5%	3,708	6.5%
当期純利益	▲378		▲4,600	

(筆者作成)

ディカルシステムズ(医療用機器の製造販売。2015年度の売上高4,199億円)をキヤノンに売却して、5,913億円の売却益を得たが、それでも2015年度の当期純利益は4,600億円もの赤字であった。

表2に示すとおり、株主資本は2014年度の1兆839億円(自己資本率17.1%)から、2015年度には3,288億円(同6.1%)に急落している。言い換えれば、東芝メディカルシステムズを売却しなければ、東芝は債務超過に転落するところであった。不正会計事件に伴う利益の修正(減額)は2014年度に済ませたのに、どうしてこれほどの窮状に陥ったのであろうか。

T&D事業とPOS事業の失敗

送変電・配電(T&D)事業について、東芝の2008年度経営方針は、「グローバルでの事業拡大を目指す」とした。特に、福島原発事故で原子力事業の将来性が不透明となってからは、それに代わる社会インフラ部門の新しい柱として、新興国を中心にM&Aを積極的に推進した。

ところが、前述のとおり2015年度にはT&D事業で479億円もの減損

表2　2014年度及び2015年度の財務状況

(単位：億円、%)

	2014年度末		2015年末	
	金額	比率	金額	比率
資産合計	63,347	100.0%	54,333	100.0%
うちのれんその他の無形資産	10,949	17.3%	6,398	11.8%
負債合計	47,694	75.3%	47,610	87.6%
うち流動負債	29,108	46.0%	30,720	56.5%
資本合計	15,653	24.7%	6,722	12.4%
うち株主資本	10,839	17.1%	3,288	6.1%

(筆者作成)

損失が発生した。その中でもブラジルでのダメージが大きかった。ブラジルは、2014年のサッカーワールドカップや2016年の夏季オリンピックの開催を控え、T&Dへの社会投資が加速すると分析し、東芝ではさかんに事業投資を行っていた。しかし、2014年以降になるとブラジルは不況に陥り、2015年及び2016年には経済成長率が3%以上のマイナスとなったため、巨額の減損を余儀なくされたのである。

ブラジルでは、左翼政権が人気取りのためにバラマキ政策を続け、財政赤字が深刻化したことがインフレと利上げを招いて景気後退に陥った。その一方で、同国では1980年代末にも同様のポピュリズム政策により経済が不安定化した「前科」がある。過去の経験を活かせずに景気動向を読み違えた点で、初歩的な経営判断のミスと言えよう。

それから、2012年に米国IBM社から買収したPOS事業でも巨額の減損が発生した。買収前の東芝のPOS事業は世界4位（シェア7%）で国内市場中心であったが、IBMは世界首位（シェア22%）でWalmart社などの優良企業を顧客としていた上に、インドなどの新興国にも販路を広げていた。東芝では、このM&AによってPOS事業のリーディング・カンパニーとなることを期待していたが、2015年度決算では、買収額のほぼ全額である882億円もの減損損失を計上したのである。

買収時に東芝が取得した資産のうち無形資産が437億円を占め、その

中でも顧客関連無形資産は276億円に達していた。つまり、Walmart社などの優良顧客との取引関係を重要視していたのである。しかし、この買収後に小売業が電子商取引へのシフトを強めるとともに、クラウド化の進展によりPOSレジが安価なタブレット端末に置き換わるという構造変化が進んだ。おそらくIBMでは、この市場構造の変化をいち早く見抜いて、POS事業を高値で売り抜けたのであろう。

以上のとおりT&D事業もPOS事業も、事業の将来性というM&Aにおける最も基本的な分析に失敗したことで巨額の損失が発生したことになる。ただし、減損損失の規模という面では、次に述べる原子力事業が群を抜いている。

 WECの巨額買収

東芝がWECを54億ドルで買収したのは、西田社長時代の2006年であった。もともと東芝は、国内向けの沸騰水型原子炉（BWR）のメーカーであったが、加圧水型原子炉（PWR）メーカーのWECを取り込むことで、BWRとPWRの双方を提供可能なメーカーとして世界市場に進出することが狙いであった。

このM&Aで東芝が取得した資産は表3のとおりである。資産合計に

表3　取得資産の内訳

(単位：百万円・%)

		金額	比率
流動資産		119,530	12.6%
固定資産		825,536	87.4%
	償却無形資産	201,677	21.3%
	非償却無形資産	50,299	5.3%
	のれん	350,785	37.1%
	その他	222,775	23.6%
資産合計		945,066	100.0%

（筆者作成）

占める固定資産の割合が87.4%に達しているが、そのうち63.7%は無形固定資産である。その内訳は、技術関連の償却無形資産が21.3%、非償却無形資産（ブランドネーム）が5.3%、そして「のれん」が37.1%であった。

当初、東芝では、原子力事業を「安定事業」と位置付けていた。しかし2008年にリーマンショックが発生し、それまで「成長事業」としていた半導体事業やPC・テレビ事業が低迷した結果、原子力事業に対する期待が増大した。2009年には原子力畑の佐々木氏が社長に就任し、原子力事業を「成長事業」と規定し直すとともに、「2015年度の売上高1兆円、全世界での原発受注数39基」と目標設定した。しかし、2011年の福島原発事故により原子力事業の展望は不透明となった。

WECでは、早くも2012年の時点で、福島原発事故の影響により世界的に原発の建設計画の見直しが進んだことを理由に、約9億3千万ドル（約762億円）もの減損損失を計上した。ところが、同年度の東芝の連結決算には、この減損が反映されていない。この点について東芝側は、「たしかに新規の原発建設事業には陰りがあるが、その一方で、原発のメンテナンスや核燃料関係の事業が成長しているので、減損の必要はない」と弁解している。しかし、そもそも原子力事業全般の見通しが暗いのに、メンテナンスや核燃料関係のビジネスが以前の想定よりも成長するというシナリオは不可解と言わざるを得ない。

さらに2013年度にも、WECは約3億9千万ドル（約394億円）もの減損損失を計上した。原発の新規建設計画が後ろ倒しになったことに加えて、建設中の新型原発AP1000で建設コストが超過したことが理由であった。しかし、2012年度と同じように、この減損も東芝の連結決算には反映されなかった。

ちなみに、以上のとおりWECが巨額の減損を実施した件について、東芝は情報を公開しなかった。これは証券取引所の開示基準に違反しており、WEC問題を隠蔽する意図があったと言わざるを得ない。

そして問題の2015年度には、第3四半期の段階で東芝は「原子力事業の時価が簿価を上回っているので減損の必要なし」と発表していた。し

かし年度末決算では一転して、2,476億円も減損することになった。東芝側は「今回の減損は割引率の変更に起因するものであって、原子力事業の収益力が低下したわけではありません。また、本当の減損額は800億円程度ですが、会計上のテクニカルな理由で2,476億円の減損とせざるを得ませんでした」と説明したが、とても納得できるわけがない。

前述のように、業績悪化を糊塗するために2012年度以降のWECの減損を先送りしていたが、さすがに2015年度決算ではそれが困難となった。そこで、これまでの説明が虚偽だったのかと批判されないようにするため、「あくまでテクニカルな理由で会計処理をしただけ」というストーリーを偽装したのであろう。ただし、これだけ巨額の減損を実施しても、まだ原子力事業の膿を出し切れてはいなかった。

WECの破綻

2017年2月、東芝はWECの経営悪化とそれに伴う巨額損失について発表し、さらに同3月には、WECについて米国連邦倒産法第11章に基づく再生手続を申し立てた。その原因は、前述した新型原発AP1000の建設コストの増大であった。

WECは米国電力会社から計4基のAP1000を受注していたが、その建設コストが異常に膨張したのである。米国内では約30年ぶりとなる原子力発電所の建設であったため、現場では工事ノウハウを喪失していた上に、AP1000の設計が精緻すぎて現場での施工にも手間取った。東芝では、作業効率を向上させようとWECに働きかけたが、WEC側は原子力事業に関する先達企業とのプライドが強く、東芝側のコントロールが機能しなかった。驚くことに、契約金額76億ドルに対し、コストの増加分だけで61億ドルに達したという。

その結果、東芝の2016年度決算では、原子力事業における「のれん」の全額である7,125億円の減損を余儀なくされた。ただし、このうち6,253億円について東芝側は、2015年に買収した原発工事企業のS&W社で「買収時には認識されていなかったコストが新たに判明した」と説

明している。つまり、2016年度末になってようやくコスト増加による巨額損失に気付いたと弁解しているのだが、まさに「噴飯もの」と言わざるを得ない。

実は、AP1000の建設コストの増加は2013年の時点で発覚しており、その負担を巡ってS＆W社や発注者の電力会社との間で訴訟が起こされていた。2013年8月には、田中社長（当時）に対して、「10億ドル規模のコスト増加の可能性がある」との報告が行われている。ちなみに、この報告をしたWEC事業部長（当時）の志賀重範氏は、2016年度には東芝の代表執行役会長の座に就いていたのだから、「知らなかった」では済まされない。要するに、AP1000の巨額のコスト増はS＆W社の買収前から予想されていたことで、本来であれば2013年度から損失額を見積って計上すべきであった。

東芝では、2014年度の不正会計事件発覚の際に、すべての問題を精算して出直したはずである。それなのに、「実は原子力事業で巨額損失を隠蔽していました」ということになれば、社会的信頼は地に落ち、現経営陣が揃って経営責任を追及される。そこで、「S＆W社の買収に伴って損失が生じた」と強弁して、巨額損失問題が以前から存在していた事実を糊塗しようとしたのだ。一つ嘘をつくと、その嘘を隠すために、次から次へと嘘を重ねざるを得なくなる。哀れなものである。

この異常な会計処理に対し、会計監査人のあらた監査法人側が抵抗したのは当然である。かくも見え透いた嘘を認めてしまったら、監査法人側も責任追及を受けることになるからだ。東芝では、2016年度決算の有価証券報告書の提出期限を延期してもらって、あらた監査法人との調整を進めた結果、ようやく監査法人が「限定付適正意見」の提出に同意した。

この「限定付適正意見」の要旨は、「2016年度決算で東芝はS＆W社関連で巨額の工事損失を計上したが、その相当程度ないし全額は、前年度に計上されるべきであった。この問題は、2015年度及び2016年度の経営成績に質的及び量的に重要な影響を与えているが、当監査法人は、S＆W社の件を除いて、東芝の連結財務諸表が経営成績等を適切に表示

していると認める」というものだった。

　つまり、S&W社の会計処理は間違いで、東芝側では過年度に計上すべき損失を先送りしていたと認定したのであり、限りなく「不適正意見」に近い内容である。敢えて「限定付適正意見」としたのは、もしも「不適正意見」を表明すれば、東芝が上場廃止に追い込まれて、再建がさらに難しくなることや、株主や関係企業にも重大な影響を及ぼすことを懸念したのであろう。

　2016年度の東芝の連結決算は、売上高が4兆8,707億円に減少し、当期純利益は▲9,656億円という巨額の赤字となった。WECの経営悪化に伴う海外原子力事業撤退損失として、▲1兆2,982億円（S&W社の件を含む）を計上したためである。その結果、東芝の株主資本は▲5,529億円、純資産は▲2,757億円と債務超過に転じ、株主資本率も▲13.0%（2015年度は6.1%）となった。まさに惨憺たる数字である。

その他の原子力関係の巨額減損

　東芝は、WECのAP1000を売り込むために、欧州内で原発建設計画を進める英国企業ニュージェネレーション社（以下、「NuGen社」）を2013年に買収した。この買収により東芝が取得した資産の大半は「のれん」である。言い換えると、NuGen社は原発建設計画以外には、何ら実態のない企業であった。

　福島原発事故後に原子力事業が世界的に低迷していた上に、前述したAP1000の建設コストの増大を勘案すると、リスクが極めて高いことは明らかであった。それにもかかわらずNuGen社の買収に踏み切ったのは、原子力事業が順調である（＝原子力事業について減損する必要がない）と偽装することが目的だったのだろう。結局、前述したWECの再生手続きに関連して、NuGen社についても497億円（投資全額）の減損損失を計上した。

　また、東芝は、2013年にLNGの液化ターミナルを保有する米国のフリーポート社との間で、東芝側が液化事業に要する発電機器を同社に販

売する代わりに、2019年度以降20年間にわたって、東芝が同社から年間220万トンのLNGを購入するという契約を結んだ。やはり本件も、原子力事業の失敗を糊塗することが目的であった。

もともと東芝は、米国の発電会社とサウス・テキサス・プロジェクト（STP）という原発建設計画を進めていた。東芝本体にとっては海外で初めての原発の受注であり、総事業費は1兆円を超えたとされるが、2011年の福島原発事故により計画は中断され、巨額の減損を迫られる事態となった。これだけでも大変なことであるが、STPが頓挫して原子力事業に注目が集まると、前述のWEC問題が発覚してしまうおそれがある。そこで、天然ガスの液化で膨大な電力を消費するフリーポート社を電力供給先として確保し、STPの再開に漕ぎ着ければ減損を回避できると考えたのである。

それでも、依然としてSTPの着工の目処が立たなかったので、やむなく東芝では、2013年度決算で310億円、2014年度決算で410億円もの減損損失を計上した。呆れたことに、これだけの損失にもかかわらず、東芝の有価証券報告書には、「米国の原発会社に対する投融資の減損処理等を行った」との記述があるだけだ。STPという名称や損失金額、損失発生の理由についてまったく触れていないのは、やはりWEC問題への波及を恐れたためであろう。

結局のところ、STPのわずかばかりの延命と引き換えに、東芝にとってまったく未知の分野である資源ビジネスに踏み込むことになった。年間220万トンという東芝の引受量は、2015年度における日本の輸入量の2.6％に相当する。電力会社などのユーザーと長期的な取引関係を結ぶことが必要であるが、東芝が販売先を確保できるのか疑問と言わざるを得ない（ちなみに、2015年度末の段階でも販売先は未定とされている）。同事業の最悪のシナリオ＝20年間にわたり東芝が天然ガスを一切引き取れなかった場合における東芝の損失額は、9,713億円と試算されている。

どうして日本企業はM&Aが下手なのか

　西田社長以降、東芝が手掛けた数々のM&Aは、「攻めの経営」の模範として当時の経済誌で賞賛された。ところがその実態は、以上のとおり死屍累々という有様であり、何千億円ものカネをドブに捨てただけであった。どうしてこんな事になってしまったのだろうか。

　東芝のM&A戦略の失敗原因は、以下のように類別される。
- WEC（含むS&W社）　AP1000の技術的問題についての調査不足、WECに対する監督不足[1]
- NuGen社　AP1000事業のリスクの軽視、WEC問題の糊塗のために事業を実施
- フリーポート事業　LNG事業のリスクの軽視、STP問題の糊塗のために事業を実施
- T&D事業　ブラジルにおける事業リスクの軽視
- POS事業　POS事業の構造変化に関する調査不足

　このうち「他の問題の糊塗のために事業を実施」は、当該事業の戦略とは別次元の話であるため除外すると、買収前の基礎的な検討の不足（被買収企業に対する調査不足及び事業リスクの軽視）と買収後の監督不足の2態様に大別される。

　ちなみに、東芝以外の日本企業によるM&Aの失敗事例としては、キリン（ブラジルのビール事業を買収）、第一三共（インド製薬企業を買収）、日本郵政（オーストラリアの物流企業を買収）のケースは、買収前の基礎的な検討の不足によるところが大きい。また、DeNA（買収したまとめサイトで著作権侵害事件が発生）、LIXIL（買収した中国子会社で不正会計事件が発生）については、買収後の監督不足によるものと推察される。

　その意味では、東芝のM&Aの失敗は、決して特殊なものではなく、

---

[1] 福島原発事故の発生については、WECの買収段階では予測困難であり、戦略の失敗原因とは認められない。

おそらく多くの日本企業に共通する構図であろう。要するに、日本企業は基本的にM&Aが下手ということだ。

買収前の基礎的な検討の不足

　買収前の基礎的な検討が不足する原因として、事前調査に限界がある点は否めない。M&Aの「売主」の立場からすれば、対象企業をできるだけ高く売却したいのは当然である。売却価格の低下につながる不都合な情報をなるべく隠蔽しようとする上に、調査期間にも期限を切ることが多いため、買収企業側でいかに情報収集に努めたとしても自ずと限界がある。特に企業秘密にわたる技術情報に関しては、実情把握が非常に難しい。しかし、買収企業側にも多々の問題点がある。

　その第1に挙げられるのが「後付けの戦略」である。基礎的な検討を開始する以前に、経済誌などで紹介された将来予測などに依拠して、経営者が自らの『勘』でM&Aを実質的に決めてしまっているケースが散見される。その場合、経営者の『勘』を後付けで正当化する形でM&A戦略を立案することとなる。

　「鶴の一声」で方針がすでに決定してしまった以上、今さら詳しく調査しても意味がない。仮に不審点が浮上したとしても、そのようなことを報告したら、どのような叱責を受けるか分からない。サラリーマンとしては、経営者が期待しているとおりの報告書を書き上げるのが処世術というものだ。

　問題点の第2は、経営者の性格や野心である。M&Aに積極的な経営者は、攻撃的な性格であることが多い。東芝でも、M&Aに邁進した西田社長や佐々木社長は、非常に攻撃的な性格であった。その一方で、こうした性格の経営者は、買収価格が吊り上ったり、対象企業にネガティブな情報が浮上したりしても、そのまま突き進んでしまいがちである。

　さらに、経営者がM&Aに関連して野心を抱いているためにブレーキがきかないケースも認められる。日本の経営者は概して老齢であり、「M&Aを成功させて、レガシーを残したい」という意識に陥りがちだ。

東芝の場合は、日立製作所などの競合企業に対する競争心から、大規模なM&Aが推進された側面は否めない。

　ちなみに、東芝が子会社の東芝メディカルシステムズを売却した際には、キヤノンと富士フイルムによる争奪戦となったが、両社のカリスマ経営者がライバル意識を燃やして、「何としても我が社で買収しろ‼」と発破をかけたことで、買収価格が吊り上ったと言われている。

　問題点の第3は、買収企業側の焦燥である。有望なM&A案件は決して多くない。特に技術関係や寡占状態の業種では、今回の「売物」を逃すと次の機会はなかなか訪れないものだ。さらに「売主」が高価で売却しようと競合企業にも声を掛けるため、「ライバルに買われてしまうと、将来の競争で著しく不利になる」という心理に陥りがちである。その結果、調査不足にもかかわらず買収に踏み切ったり、競合企業と競り合って適正価格を大きく上回る価格で落札したりするなどの失敗を犯すことになる。

　ちなみに、WEC買収の際も東芝側は、「ここで買収しなければ、2030年には原子力事業から撤退しなければならなくなる」との危機感を抱いていた。その結果、WECの企業価値を約2,000億円、プレミアムを大幅に見込んだとしても約4,000億円と試算していたにもかかわらず、結局は6,600億円も注ぎ込んだのである。

　問題点の第4は、専門家の沈黙である。買収企業側に雇われたコンサルタントやフィナンシャルアドバイザーなどの外部専門家が、これまでに蓄積したノウハウを活用して、買収企業側が十分に認識していないリスクに気付く場合もあるだろう。しかし、彼らに対する報酬の大半は、M&A成立時に買収総額の一定比率という形で支払われる成功報酬であり、そのままM&Aを成立させたほうが有利となるため、買収企業側に所要の警告を行わないという問題が生ずる。

　問題点の第5が、ディスカウント・キャッシュ・フロー（DCF）法の限界である。M&Aの買収価格の評価には、将来のフリー・キャッシュ・フロー予想値に基づいて価格を算出するDCF法が用いられる。しかし、あくまでも予想値であって、当該事業の成長率やコストの削減

率など様々な指標について仮定を前置せざるを得ない。そのため、あるM&Aを実現したいと関係者が念じている場合には、DCF計算に用いる指標を恣意的に入力することにより、被買収企業の将来性が良好との計算結果を導き出すことが可能である。

　本来であれば、営利企業の戦略とは「カネ勘定」のはずである。被買収企業の将来的な収益力を緻密に分析した上で、「○○億円までなら購入する」との値踏みがないといけない。しかしDCF法を用いて恣意的な将来予測をすれば、前述した「後付けの戦略」や「買収企業側の焦燥」による高値買収も、簡単に正当化できてしまうのである。

　ちなみに、WECの買収に当たって東芝側が前提とした将来予測は、2020年には原発の新規建設が年間10基（当時は3基）、市場規模が9兆円（同6兆円）に拡大し、東芝の原子力事業の売り上げも2015年には6,000億〜7,000億円（同2,000億円）に増加するというものだった。要するに、高額の買収価格を正当化するため、都合の良いバラ色のシナリオに依拠してDCF計算を行っていたのである。

 買収後の監督不足

　前述のとおりM&Aでは、「初めに買収ありき」で話が進められてしまって、「買収してからどうするか」について十分な検討がなされていないことが多い。その結果、買収に成功しても、その後の被買収企業に対する監督が疎かになる傾向が認められる。

　さらに事態を悪化させるのは、海外の被買収企業の経営に携われるような人材が社内に不足しているため、社外から招聘した外国人経営者にその経営を丸投げするという態様になりがちなことである。その結果、海外子会社に対して本社のコントロールが利かなくなり、現地の外国人経営者による私物化が進むことも珍しくない。WECも、東芝側のコントロールに従わず、「関東軍」と評されるほどだった。

　実は、東芝が買収した当時から、WECに工事ノウハウが不足していることや、東芝による監督が難しいことは予想されていた。そのため東

芝では、買収直後にWECに「コーディネーションオフィス」を設置し、両社の協力関係について検討させていた。つまり、M&A後に取り組むべき課題は明白であり、そのための対策も数年にわたって実施していたにもかかわらず、盛大に失敗したということである。

東芝には、被買収企業を運営するノウハウや人材が決定的に不足していたと言わざるを得ない。さらに、こうした問題が長期にわたり解決されなかった背景として、前述した当期利益至上主義の組織文化の影響により、問題の存在そのものが原子力事業部の関係者の間で隠蔽されていた疑いがある。

経営者の評価の困難性

東芝の元社長の西田氏は、2000年代を代表するスター経営者であった。当時の経済誌には、西田社長の経営手腕に対する賛辞が溢れている。こうした高い社会的評価を背景として、西田氏は2009年に経団連副会長に就任すると、会長ポストを目指してさかんに運動し、会長の最有力候補と目されるまでになった。

東芝では、過去に石坂泰三氏と土光敏夫氏が経団連会長に就任しており、その地位に就くことは西田氏の悲願だったとされる。しかし、2010年に住友化学社長の米倉弘昌氏が経団連会長に就任し、西田氏の挑戦は夢に終わった。また、後任社長の佐々木氏も、2013年1月に政府の経済財政諮問会議の議員に選ばれ、同6月に西田氏と入れ替わる形で経団連副会長に就任、さらに2014年9月には日本経済再生本部の産業競争力会議の議員に就任するなど華々しい財界活動を積み上げ、やはり次期経団連会長候補に挙げられていた。

以上のとおり今日の東芝の窮状に対して重大な責任がある西田・佐々木両氏は、一時は経団連会長候補に祭り上げられるほどに、その経営手腕を過大評価されていたのである。どうしてこのようになってしまうのだろうか。

「選択と集中」が求められる現代では、経営者によるM&Aの戦略的

判断が非常に重要であるが、実際問題として、M&Aの成否を事後的に評価することは容易でない。成果が出るまでに相当な時間がかかることに加えて、もしも不調となれば、東芝がWECについてそうしたように、被買収企業の個別業績を開示しないからだ。

そうなると、優れたM&A戦略かどうか＝経営者の力量の評価は、奇妙なことであるが、M&A発表当時の世間の評判、とりわけ経済誌の論調に負うところが大きくなる。特に西田氏については、かねてからマスコミ操縦の巧みさが評判であった。また、経済誌の側でも、M&Aは大きなニュース価値を持つところ、経営者に好意的な報道をしたほうが、以後の情報収集に有利という事情もあるだろう。

その結果、華々しくM&Aを打ち出すことで「虚像」を形成した経営者が高い評価を受け、さらに世間の賞賛に慢心して次々とM&Aを仕掛けていくというスパイラルが生じているように思われる。東芝の二の舞を防ぐためにも、経営者たる者は、M&Aとは投資の一形態にすぎず、「投資は回収してナンボ」という当然の事実を再認識する必要があるだろう。

教訓

不正会計事件が発覚した後の東芝では、まさにWEC問題が迷走の原因となった。もしも早期にWEC問題を明らかにしていれば、2014年度から2016年度にかけて段階的に損失を計上する会計処理が可能であり、半導体事業の売却に当たって綱渡りのようなスケジュールを迫られることもなかったはずだ。言い換えれば、不正会計事件の際にきちんと膿を出し切らなかったために、その後2年間にわたって関係者がWEC問題の隠蔽のために嘘を重ね、東芝に対する社会的信頼がずるずると失墜したのである。

また、日本人は「戦略」という言葉が大好きであるが、「戦略」が何たるかについての理解は極めて乏しいのが現状である。民間企業である限りは、「カネ勘定」と無縁な戦略などあり得ないと自戒すべきであろう。

参考資料

- 第三者委員会（2015）『調査報告書』
- 東芝（2015）「当社子会社であるウェスチングハウス社に係るのれんの減損について」
- 東芝（2016a）『改善計画・状況報告書（原因の総括と再発防止対策の進捗状況）』
- 東芝（2016b）「当社原子力事業に係るのれんの減損及び WEC グループの株式評価損について」
- 樋口晴彦（2017）『東芝不正会計事件の研究』白桃書房
- 役員責任調査委員会（2015）『調査報告書』

第3講
東洋ゴム工業の免震ゴム性能偽装事件
―「我が社の不祥事防止対策は大丈夫か」と疑え―

 事件の概要

　2015年3月、東洋ゴム工業は、同社及びダイバーテック（非タイヤ）事業関連の100％子会社の東洋ゴム化工品（化工品社）が製造・販売していた建築用免震ゴムについて、性能数値を偽装して大臣認定[2]を不正に取得するとともに、大臣認定の性能評価基準に適合していない製品を販売していたと公表した。2015年12月期決算では、製品補償対策費及び製品補償引当金として466億円の特別損失を計上した。また、事件公表当時の社内取締役5人全員が辞任あるいは降格の処分を受けた。
　不正行為の態様は、大臣認定の不正取得、製品の性能検査結果の偽装、検査成績書の偽装の3件に大別される。

(1) 大臣認定の不正取得
　東洋ゴム工業は、2000年から2012年にかけて、免震ゴムに関して計24件の大臣認定を取得した。化工品社開発技術部のAは、このうち20件について虚偽の数値を申請書類に記載して性能を偽装し、大臣認定を不正に取得していた。偽装の態様としては、摩擦・振動数・温度・試験

---

[2] 大臣認定制度とは、建造物、建築材料等の性能を国土交通大臣が認定する制度であり、高度な技術を利用した製品の普及を促進する目的で2000年に導入された。

機等の差異を補正する際に技術的根拠のない補正処理をしたケースと、そもそも試験を実施せずに推定した数値を記載したケースが挙げられる。

(2) 性能検査結果の偽装

A及び彼の手法を引き継いだ後任者のB及びCは、性能検査の際に技術的根拠のない補正処理を行って、不適合製品を出荷させていた。事件発覚後に再検証した結果、免震ゴムを設置した全209物件のうち154物件（全体の73.7%）、個別には全5,725基のうち2,730基（全体の47.7%）が性能基準不適合と判明した（**表1**参照）。

(3) 検査成績書の偽装

化工品社品質保証部のDは、2001年から2013年にかけて、免震ゴムの検査成績書を作成する際に、計68物件について開発技術部から受領した数値をそのまま転記せずに、恣意的な数値を記載する不正を行っていた。なお、Dは開発技術部が「適合」とした製品を扱っていたので、彼の不正行為により「不適合」が「適合」に変更されたケースはなかった。

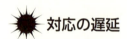
対応の遅延

2012年8月からAの同僚となったBは、性能検査結果の補正方法につ

表1　免震ゴムの納入状況

製品名		製品納入期間	納入基数	不適合基数
高減衰ゴム系積層ゴム支承	G0.35	1996.4〜2015.1	2,571	562
	G0.39	2004.7〜2015.2	2,045	2,045
	G0.62	2012.1〜2014.6	35	8
天然ゴム系積層ゴム支承		1998.11〜2014.2	854	43
弾性すべり支承		2001.1〜2015.1	154	72
戸建て住宅用高減衰ゴム系積層ゴム支承		2006.10〜2008.2	66	0
		計	5,725	2,730

（東洋ゴム工業の資料より）

いて疑問を持つようになり、Aに技術的根拠を質問したが、明確な回答を得られなかった。そこでBは、2012年12月から2013年にかけて数回にわたり開発技術部長に不正疑惑を説明したが、具体的な指示を得られなかったため、とうとう2014年2月に化工品社社長に報告した。

東洋ゴム本社で免震ゴム事業を担当する甲取締役は5月12日に不正疑惑の報告を受け、8月13日までに社内取締役全員に報告がなされた。8月25日の本社会議では、補正方法を後付けで変更して、偽装行為を無かったことにする方針が提示された。申請書類では地震の基準振動数を0.5Hzと設定し、載荷試験（0.015Hzで実施）の実測値をそれに合わせて補正していたところ、この補正をしなければ性能基準との乖離が小さくなることに着目したのである。

ところが、この方式に変更したとしても、依然として性能基準不適合の製品が存在することが判明した。9月16日の本社会議では出荷停止の方向で話が進められたが、さらに試験機の差異も補正すれば性能基準に適合させることが可能との説明があり、出荷を継続することとした。

10月6日の本社会議では、基準振動数の補正をせずに、試験機の差異をあらためて補正する方式（新方式）で計算しても、性能基準から大きく外れている物件があると報告された。これを受けて、QA（Quality Assurance）委員長の乙取締役は、同委員会を10月23日午後に開催すると決定した。

10月23日午前の本社会議では、新方式で計算しても性能基準不適合の物件が多数存在すると説明された。しかし、「ダイバーテック事業部門及び化工品社の担当者の総意」として、問題の物件を「社内特例」として処理し、過去の出荷品に対するリコールは不要との見解が示されたため、同日午後に予定されていたQA委員会は急遽キャンセルされた。その後の社内取締役による打ち合わせで、性能基準不適合の物件数を10未満とすることを「理想」として技術的検証を継続することや、不適合物件の安全性を検討して、国土交通省への報告も物件の建替えも不要と確認することが今後の対応方針とされた（10.23方針）。

12月6日に、「申請書類には基準振動数が明記されていないが、補正

式から逆算すると0.5Hzであることは明白（＝基準振動数の未補正は許されない）」として、新方式を技術的に否定する旨の説明が甲取締役になされた。12月22日の本社会議でも同旨が説明されたが、それでも技術的検討を継続することとされた。

2015年1月30日の本社会議では、基準振動数の未補正には技術的根拠がないこと及び出荷された物件（G0.39関係）のほぼ全てが性能基準に適合していないことがあらためて報告された。ようやく2月6日に出荷停止の方針が決定され、同9日に国土交通省に対する報告が行われた。

免震ゴムという建物の安全性に直結する製品である以上、化工品社社長に不正疑惑が報告された2014年2月の段階で、東洋ゴム工業の経営陣に速報し、出荷停止などの諸対策を推進すべきであった。しかし、甲取締役が報告を受けたのは2014年5月、社内取締役全員が不正疑惑を認識したのは同8月であった。事件の公表に関しても、新方式を用いたとしても不適合物件が多数存在すること（＝不正が実質的に確定）を取締役の過半数が認識した時点（10月23日）から3ヶ月以上が経過していた。

このように対応が遅延したことにより、不正疑惑を認知した後も約1年間にわたって出荷が継続され、被害規模をさらに拡大させたのである。ちなみに、2014年3月以降に計26物件が出荷されていた。

不正行為を誘発した原因

不正行為に至った第1の原因は、技術力の不足により性能基準に適合する免震ゴムを製造できなかったことである。前述の**表1**のとおり、納入された全5,725基の47.7％に相当する2,730基が不適合製品という事実は、品質管理面で深刻な技術的問題を抱えていたことを示している。ちなみに、検査成績書の偽装についても、性能の乖離値が大きいと顧客からクレームを受けるので数値を書き換えたことがあったとDが証言している。

第2の原因は、社内の縦割り意識である。問題の製品の配合は研究所で決めたものであるが、工場では配合と物性の関係を理解できておら

ず、また、工場の担当者が配合の見直しについて研究所と相談することもなかった。社内の縦割り意識が強く、製造部門と研究所の連携が取れていなかったためである。

第3の原因は、技術上のリスクに対する経営者の認識不足である。前述した技術力不足の問題は開発初期の段階で浮上しており、先行他社から技術導入を受ける話も出ていたが、リスクを軽視して自社開発に踏み切ったものである。ちなみに、後述するように免震ゴム事業は社内での比重が小さい傍流事業であるため、そもそも経営陣は同事業にあまり関心を持っていなかったとされる。

第4の原因は、上司の指示及び関連部署の圧力である。2002年から2004年までに取得した5件の大臣認定について、Aが試験体の製造が間に合わないと報告したところ、当時の上司が「申請日までに性能基準内に収まる試験結果を得られなければ、かかる試験結果が得られたものとして申請資料を作成せよ」と指示したとされる。また、性能検査結果の偽装に関しても、Aは「製造部から「納期に間に合わないから数字を入れろ」などと心理的圧力を受けた」と証言している。

第5の原因は、開発技術部の立場の弱さである。前述したように製造部門の圧力に抵抗できなかったのは、東洋ゴム工業グループ内では製造部門が主流であり、開発技術部の立場が相対的に弱かったためである。ちなみに、性能検査で不適合となった場合には、その再製作の費用を開発技術部が負担することとされていた。不適合製品を作ったのは製造部門なのに、理不尽にも開発技術部に負担を押し付けていたのである。開発技術部とすれば、不適合と判定するのは自らの首を絞めるようなものであるため、性能偽装のインセンティブにつながった。

第6の原因は、余裕のないスケジュール設定である。検査成績書の偽装についてDは、「測定結果をもとに検査成績書のループ図を作図するにはかなりの時間がかかるため、測定結果の入手が遅くなった場合には、あらかじめ先にループ図を作成しておいて、測定結果の数値をそれに合わせて書き換えた」と証言している。納入スケジュールの設定が硬直的で、途中でのトラブルの発生を考慮に入れていなかったため、こう

した問題が生じたとされる。

　第7の原因は、性善説の大臣認定制度である。大臣認定の基礎となる指定性能評価機関による審査は、企業側の自主申告データに基づく書類審査とされていた。これは、免震性能を評価するための様々な試験装置を指定性能評価機関で用意できなかったためである。そのため、企業側がデータを偽装して申請した場合、書類審査でそれを見つけることは極めて困難であった。

長期にわたり不正が発覚しなかった事情

　本事件では、10年以上にわたって性能偽装が反復されていた。かくも長期にわたって不正が発覚しなかった事情として、第1に傍流事業の位置付けと担当者の単独・長期配置が挙げられる。

　免震ゴムの性能評価は、1998年から2012年末までAがほとんど1人で担当していた。この単独・長期配置が不正行為の実行を容易にするとともに、不正が発覚しにくい職場環境を作り出した。その背景として、免震ゴム事業がグループ内で傍流事業の位置付けであったことが挙げられる。同事業の売上高は約7億円で、グループの総売上高に占める割合は0.2％に過ぎなかった。そのために体制が弱小で担当者を単独配置とせざるを得ず、技術ノウハウを持つ従業員が他にいなくなったことが長期配置につながった。

　ちなみに東洋ゴム工業では、2008年度にリーマンショックによる景気後退を受けて業績が悪化したために人員削減を進めた。ダイバーテック事業関連の連結従業員数は、2008年3月期の2,344人から2010年3月期には1,853人に減少し、この時期に免震ゴム事業の人員が大幅に削減されたと認められる。

　第2の事情は、マニュアルや業務引継書の未作成である。Aは、補正方法に関するマニュアルを作成しておらず、業務引継書も用意せずに口頭でBに説明していた。さらに、実際の補正処理の記録も十分に保存していなかった。その結果、Bが疑いを持ち始めた後も、まずはAがどの

ような補正処理を行っていたのかを特定した上で、その技術的根拠を一つ一つ検証しなければならなかったため、上司に報告するまでに相当な時間を要した。

第3の事情は、上司の監督能力の不足である。Aの歴代の上司のうち2人は、免震ゴムについて十分な知識がないために不正を看過していた。検査成績書の偽装についても、やはりDの歴代の上司のうち2人は、免震ゴムに関して十分な知識を有しておらず、検査成績書に記載する数値の算出方法も確認していなかった。

第4の事情は、品質保証部によるダブルチェックの形骸化である。品質保証部では、出荷する全ての免震ゴムについて性能指標の数値及び合否判定結果をまとめた検査成績書を作成しており、このプロセスが性能検査に対するダブルチェックとなるはずであった。しかし実際には、性能検査の実測値でなく、開発技術部門で技術的根拠のない補正を済ませた数値を受領して検査成績書を作成していたために、ダブルチェックが形骸化していた。

第5の事情は、開発部門に対する内部監査の不足である。東洋ゴム工業では、本件のような品質・技術に関する事項については、専ら品質保証部が監査を実施していた。その一方で、品質保証部による監査は、主に製造部門を対象としており、開発部門に対して行われることはほとんどなかった。監査を実施した場合でも形式的なものであって、数値の真実性についてのチェックは行われていなかった。

🔥 事件への対応が遅れた理由

本事件では、経営幹部が不正の疑いを認識してからも、補正方式の変更などで不正を糊塗することに執心し、事件の公表や製品出荷の中止などの対応が大幅に遅延した。この件について、コンプライアンス意識の欠如を批判すべきことは当然であるが、それ以外にも以下の理由が挙げられる。

第1の理由が、関係者による自己正当化である。2014年8月13日の本

社会議で、不適合製品でも地震発生時の建築物への影響は限定的であり、東日本大震災時にも具体的な問題が生じていないと報告され、関係者の間に実害は小さいとの認識が形成された。その一方で、免震ゴムは建物の基礎部分に設置されるので、出荷停止になれば以後の建設作業は停止せざるを得ず、膨大な補償を請求されることが予想された。その結果、できれば不正の公表を回避したいという組織防衛の意識が生じ、関係者が対応の遅延を自己正当化していたのである。

第2の理由が、リスク管理機関の未活用である。QA委員会は重大品質問題の対応策を審議する機関であったが、前述したとおり、2014年10月23日に予定されていた委員会はキャンセルされた。委員長の乙取締役は、「QA委員会が開催されると、その審議状況を社外役員も出席する取締役会に報告せねばならず、外部に情報が漏れるおそれがあった」と供述している。

その他のリスク管理機関として、コンプライアンス関係の統括部署であるCSR統括センター（法務部と監査部が所属）では、センター長（執行役員）が2014年7月8日に報告を受けていたが、本事件の調査や対応にほとんど関与しなかった。また、社外取締役や社外監査役に報告がなされたのは事件公表の直前であった。

第3の理由が、経営者の技術理解力の不足である。現場レベルでは、遅くとも2014年8月の段階で、基準振動数の未補正は許されないと認識していたが、経営陣への報告は12月以降となってしまった。このように報告が遅れたのは、10.23方針に反する結論（＝新方式の否定）を報告することに躊躇したためである。そもそも純粋に技術的な問題について、自社に有利な結論をひねり出せるものと経営陣が期待していたこと自体に問題があると言わざるを得ない。

第4の理由が、危機管理能力の不足である。2014年8月から2015年1月にかけて、補正方式の検討作業が続けられたのは、前述した技術理解力の不足に加えて、不正行為を後付けで正当化できるかもしれないとの希望的観測に流されたためと考えられる。こうした希望的観測は、危機管理時に陥りがちな失敗の一つであるが、これほど長期間にわたって希

望的観測から脱却できないのは、明らかに危機管理能力が不足している。

また、本事件では、ダイバーテック事業本部長の甲取締役の指揮の下に、同事業部門が中心となって調査を進めており、前述したとおりコンプライアンス部門はほとんど関与しなかった。その結果、当事者である同事業部の意向が反映されやすくなり、出荷停止などの判断が遅れたと認められる。このように調査チームの編成に関しても、危機管理面の配慮が不十分であった。

なお、東洋ゴム工業では、当時の社長が2014年5月から健康を害し、1ヶ月間の入院を経て11月に社長職を辞任した（2015年12月に病死）。この突然の体調不良と社長交代が、経営陣の危機管理能力を低下させた点は否めない。

 再発防止対策の機能不全

東洋ゴム工業では、2007年11月にも断熱パネルに関する性能偽装事件が起きていた。同事件の反省を受けて、東洋ゴム工業が推進した再発防止対策（1次対策）の概略は、以下のとおりである。

〈緊急対策〉
- 社長直轄の品質監査室の設置と全社の**緊急品質監査**
- 全従業員を対象としたコンプライアンス研修の実施
- 部門長を対象としたコンプライアンス特別研修の実施

〈長期対策〉
- 内部統制システムの強化（**コンプライアンス委員会の権限強化**、各部門・各職場にコンプライアンスリーダーを設置、企業行動憲章及び個人行動規範の周知徹底等）
- 社員教育の徹底（技術者の倫理教育の徹底、**部門間人事異動の徹底**、社内規定・法令の再教育等）
- 事業監査、品質監査の徹底した推進
- 新事業、新製品、設備投資、出資に関する決定プロセスの改善・強化

- 内部通報制度の活用促進（不祥事通報者制裁減免制度の新設）
- TOYO TIRES ブランドの価値観の共有と伝道（部門ミッションの制定、他社実例レクチャーやワークショップの開催、社会貢献活動の推進等）

　この断熱パネル事件も、やはりダイバーテック事業部内の大臣認定に関する性能偽装であった上に、その原因メカニズムについても免震ゴム事件との共通点が非常に多い。それに対して以上の1次対策を実施したにもかかわらず、2007年に既に進行中であった免震ゴム事件が長期にわたって看過されたのは、1次対策が実際には機能していなかったからである。その具体例を3件ほど見てみよう。

　第1は、緊急品質監査である。断熱パネル事件を踏まえ、東洋ゴム工業では全生産拠点で緊急品質監査を実施したが、免震ゴム事件を発見できなかった。その理由として、緊急品質監査の担当部署である品質監査室の体制が不足し、さらに調査期間の短さが障害となって、当初から緊急品質監査が形骸化していたことが挙げられる。

　品質監査室は2007年11月4日に設置され、担当者はわずか3人だったにもかかわらず、11月中に国内の11生産拠点すべての総点検を実施し、12月14日に問題なしと発表している。担当者の証言によると、各生産拠点の品質監査を1～2日で行わなくてはならず、個別の製品分野の調査には1～2時間程度しか割り当てることができなかったとされる。おそらく会社側では、断熱パネル事件を機に社内の問題行為を一掃して、膿を出し切ろうという意識に乏しく、「全ての製品を調査したが問題がなかった」と対外的に公表するためだけに緊急品質監査を実施したということだろう。

　第2に、1次対策でコンプライアンス委員会を強化したにもかかわらず、免震ゴム事件の際に同委員会が開催されることはなかった。この件について会社側では、同委員会の諮問対象となるかどうか明確でなかったためと弁解している。しかし、断熱パネル事件を踏まえて同委員会を強化したにもかかわらず、断熱パネル事件と同様の性能偽装問題に対する同委員会の役割が不明確というのはおかしな話である。結局のとこ

ろ、社内資料に「強化」と書いただけで、コンプライアンス委員会の運用について具体的な議論を行っていなかったのだろう。

　第3に、対策の一つとして「部門間人事異動の徹底による適正なローテーションの実施」が掲げられていたが、Aに対しては、長期にわたって人事異動が行われていなかった。この点について会社側は、「製造現場では製品分野ごとに担当者が専門分化していて代替人員が不足しており、現実問題として同一担当者が長期間同じ業務を担当する状況を大幅に変え難かった」と弁解している。しかし、専門分化と代替人員の不足は2007年当時から既に認識されていた問題であり、「何を今さら」と言いたくなる。人事ローテーションを対策として発表したけれども、現実にそれを推進するには相当なコストと手間がかかるため、そのまま放置していたのだろう。

実務的に大きく前進した2次対策

　以上のとおり免震ゴム事件が看過されたのは、1次対策が形式的・名目的なものにとどまったためであった。この反省を受けて、2015年6月に東洋ゴム工業があらためて発表した再発防止対策（2次対策）では、内容がしっかり吟味されている。その中でも特に着目すべきは、品質保証本部の新設、ダイバーテック事業部門の再編、事業評価ガイドラインの策定の3件である。

　まず品質保証部については、「品質保証本部」に格上げして権限を強化し、各拠点の品質保証部門を同本部の傘下に編入するとともに、大臣認定の申請を審査・管理する専門組織を同本部内に新設した。品質保証部門の独立性を高めて内部監査機能を強化しようとする対策であり、免震ゴム事件の反省点の「品質保証部によるダブルチェックの形骸化」「開発部門に対する内部監査の不足」「性善説の大臣認定制度」に対応する。

　次にダイバーテック事業部門については、それまでのビジネスユニット制の縦割り組織を機能別（営業・技術・生産）に再編成するととも

に、人事配置計画の策定を事業本部長の責務とした。横割りの機能別組織とすることで傍流事業の問題を解消して内部牽制機能を強化し、併せて人事ローテーションを徹底することを目的とした対策であり、免震ゴム事件の反省点の「傍流事業の位置付けと担当者の単独・長期配置」に対応する。

　事業評価ガイドラインは、ハイリスクにもかかわらず、それを管理するための内部統制の整備が難しい新事業への進出を防止し、あるいはそうした既存事業からの撤退を促進しようとする対策である。免震ゴム事件の反省点の「技術力の不足」「技術上のリスクに対する認識不足」に対応する。

　以上のとおり2次対策は、免震ゴム事件の反省点をきちんと反映している上に内容も具体的であり、1次対策と比較して、実務的に大きな前進が認められる。なお、東洋ゴム工業では、2015年10月に防振ゴム製品について検査成績書の不実記載が発覚しているが、この3件目については、2次対策の効果が表れるだけの時間がなかったと見るべきだろう。

再発防止対策の空洞化

　1次対策が機能不全に陥ったのは、マスコミ報道でよく目にするような対策項目が羅列され、断熱パネル事件の反省点を具体的に反映したとは言い難い内容であった上に、対策の実施状況も形式的・名目的なものにとどまったためである。再発防止対策を早期に対外発表して不祥事対応を決着させたいと経営者が焦燥するあまり、対策内容の具体的な検討が疎かになり、さらに対外発表後には脱力してしまって、対策推進状況のフォローアップを放置していたと思量される。

　近年、多くの企業で不祥事の再発を防ぐための諸対策を推進しているが、こうした対策の実効性に関し、かねてから筆者は疑問を抱いていた。再発防止対策のメニューが、内部統制システムの強化や社員の倫理教育に偏るなど画一的で、組織不祥事を誘発した個別の原因メカニズムを十分に反映していないように感じられるためである。

筆者のこれまでの事例研究では、社内に内部統制の仕組みが重層的に存在したにもかかわらず、何らかの原因メカニズムにより、それらが機能不全に陥っていたというケースが通例である。組織不祥事を防止するには、そうした原因メカニズムを解消することが肝要であり、それを実行せずに内部統制の仕組みを上乗せしても、やはり機能不全に陥るおそれが強い。逆に、原因メカニズムを本当に解消できたのであれば、既存の内部統制の仕組みが機能し始めるため、あらためて追加することに意味はない。

　また、社員個人の倫理教育についても、実務的な効果をあまり期待できないように感じられる。そもそも不正行為に関与した社員が、個人として非倫理的というわけでは必ずしもない。過去の事例研究を総覧すると、真面目な人物であっても、「組織人」としての立場に縛られて、心ならずも不祥事を犯してしまうのが、日本における組織不祥事の典型である。

　結局のところ、日本企業の再発防止対策のメニューは、現場に無知なマスコミ関係者に受け入れられやすい対策を列挙しただけで、本当にそれが「正しい治療策」なのかどうか掘り下げた検討を怠っているのではないだろうか。不祥事が発生するのには理由がある。そして、不祥事がいつまでも無くならないのにも理由があるということだ。

教訓

　不祥事が発生するのは、個別・具体的な組織管理上の問題が存在するからである。当然、その再発防止対策も個別・具体的なものでなければいけないが、実際には、どこかで聞いたような画一的な対策項目を並べている企業が多い。少しでも早く幕引きを図りたいと経営者が焦燥しているために、対策内容の具体的な検討を疎かにして、コンサルタントの言いなりになっているのだ。まずは、「我が社の不祥事防止対策は大丈夫か」と疑うことからスタートすべきであろう。

第1章　無くならない不祥事

参考資料

- 国土交通省免震材料に関する第三者委員会（2015）『免震材料に関する第三者委員会報告書』
- 東洋ゴム工業社内調査委員会（2007）『社内調査報告書』
- 東洋ゴム工業社内調査チーム（2015）『調査報告書』
- 樋口晴彦（2016）「東洋ゴム工業の免震ゴム事件等の事例研究」『千葉商大紀要』54(1), 57-98 頁
- 「免震積層ゴムの認定不適合」に関する社外調査チーム（2015）『調査報告書（公表版)』

第4講
労働者健康福祉機構の虚偽報告事件

―「天下り」によって醸成された無責任体質―

 事件の概要

　独立行政法人労働者健康福祉機構は、旧労働福祉事業団を母体として、「独立行政法人労働者健康福祉機構法」に基づき2004年に設立された厚生労働省所管の独立行政法人である。同機構の主たる事業は、労災病院（全国30箇所）、労災看護専門学校（9箇所）、治療就労両立支援センター（9箇所）、産業保健総合支援センター（47箇所）等の施設運営である。

　2014年8月、労働者健康福祉機構において、障害者雇用促進法第86条第1号違反（虚偽報告）事件が発覚した。同機構と元理事など3人が告発され、2015年3月に横浜簡裁は、同機構に罰金30万円、3人にそれぞれ罰金20万円の略式命令を言い渡した。また、同機構では、現・元理事長を始めとする36人（うち退職者14人）に対して、報酬の自主返納や停職などの処分を実施した。

　障害者雇用促進法は、身体障害者や知的障害者の職業の安定を図ることを目的とする法律であり、事業主に対して、障害者雇用状況の報告を求めるとともに、障害者雇用率を法定雇用率以上にすることを義務付けている。2014年時点での法定雇用率は、一般事業主が2.0％、国・地方公共団体・特殊法人（独立行政法人含む）が2.3％であった。

第1章　無くならない不祥事

　労働者健康福祉機構では、遅くとも2004年度から、実際には法定雇用率を未達成にもかかわらず、達成したように偽装した虚偽の障害者雇用状況報告書を提出し続けていた。偽装の手法としては、障害者雇用率の分母となる常用雇用労働者数については嘱託職員を除外した「定員数」を計上し、分子の常用雇用障害者数については実際よりも水増ししていた（**表1**参照）。

　この報告書の作成業務は、同機構の総務部人事課が所管していた。同課の人事班員が原議書を起案し、主査、人事班長、人事課長、総務部次長、総務部長の順に決裁が行われていた。報告書の最終決裁権者は総務部長であったが、総務担当理事に対して説明あるいは相談を行うことが少なくなかった。

　第三者委員会の調査によると、**表2**に示すとおり、歴代の人事担当者のほとんどが不正を認識していたとされる。まさに組織的に虚偽報告が行われていたわけだが、その背後には天下り問題が存在した。

労働者健康福祉機構に対する天下り状況

　天下りとは、いわば人事の押し付けであり、天下り先に実質的な拒否権がないことが特徴である。一般的には官僚の再就職というイメージが強いが、再就職だけでなく出向という形態も珍しくない。さらに、民間

表1　報告状況の推移

(単位：人、％)

		2004年	2005年	2006年	2007年	2008年	2009年	2010年	2011年	2012年	2013年	2014年
常用雇用労働者数	実数	15,933	15,675	15,927	16,222	16,050	16,406	16,749	18,293	18,858	19,473	19,841
	報告数	13,745	13,707	13,706	13,888	13,859	13,993	14,251	15,223	16,242	16,825	18,032
障害者数	実数	40	35	34	42	40	49	60	71	91	148	186
	報告数	139	136	139	137	133	137	146	171	181	205	224
障害者雇用率	実数	0.57%	0.50%	0.47%	0.56%	0.53%	0.69%	0.82%	0.77%	0.93%	1.42%	1.76%
	報告数	2.16%	2.11%	2.13%	2.12%	2.10%	2.11%	2.22%	2.10%	2.12%	2.32%	2.32%

(第三者委員会報告書別紙5)

表2　関係者の不正認識状況

	2004年	2005年	2006年	2007年	2008年	2009年	2010年	2011年	2012年	2013年	2014年
総務担当理事	認識					否認		遅くとも2012年には認識		否認	
総務部長	遅くとも2006年には認識			認識		認識		認識	認識		
総務部次長	認識	否認	認識			遅くとも2011年には認識			認識	認識	認識
人事課長	認識	認識			(入院のため決裁せず)	認識		認識		認識	認識
人事班長	認識		認識		認識			認識		認識	
主査	記憶なし	認識		認識		認識		認識		認識	認識
起案担当者	認識	認識		認識	認識	認識		認識		認識	

＊枠が結合されているのは同一人物

（筆者作成）

企業でもグループ企業や下請企業などに対する押し付けが行われている。

　東京理科大学の伊丹敬之教授は、「決して官庁組織に特有の問題ではなく、民間企業にも多く見られる現象であることが、すぐわかる。子会社、関係会社、業務上の利害関係企業への再就職という名の、「天下り」である。民間版天下りのほうが、規模ははるかに大きいであろう」（「高齢化ニッポン「民間天下り」のジレンマ」124頁）と指摘している。

　そこで、天下りを「相対的に立場の弱い組織に対し、構成員の出向や退職者の再就職などの形で雇用を実質的に強制すること」と定義し、出向や民間版天下りも含めることとしよう。

　労働者健康福祉機構の理事長ポストは、かつては労働省の事務次官経験者の指定席であった。2011年から理事長は公募とされたが、事件当時も4人の理事のうち2人が厚生労働省出身であり、依然として重要な天下り先であった。

　前述のとおり、歴代の人事担当者が虚偽報告を認識していたが、そのうち総務担当理事（2011〜2012年を除く）、総務部長、人事課長の3ポストは、厚生労働省のOBあるいは出向者によって占められていた（**表3参照**）。厚生労働省は同機構を監督する立場である上に、障害者雇用

表3　厚生労働省出身者の就任状況

	2004年	2005年	2006年	2007年	2008年	2009年	2010年	2011年	2012年	2013年	2014年
理事長	OB（元労働省次官）										
総務担当理事	OB				OB					出向者	
総務部長	出向者			出向者			出向者		出向者		
人事課長	出向者	出向者			出向者	出向者		出向者		出向者	出向者

＊枠が結合されているのは同一人物。　　　　　　　　　　　（筆者作成）

促進法の所管省庁であることも考え合わせると、同省出身者が虚偽報告に関与していた事実は重大である。

　天下りに関する研究では、天下り元の事情として早期退職による人事の活性化が指摘されている。停年前の退職を慣例とすることで人材の停滞を防止し、組織の若返りによる活性化を図るというわけだ。天下り先の事情としては、人材の獲得もさることながら、天下り元の情報やコネクションの入手という側面が大きい。

　ちなみに、兵庫県立大学の中野雅至准教授（元厚生労働省官僚）は、天下りの態様の一つとして、「支配―被支配の関係に基づく植民地化」を指摘している。労働者健康福祉機構のように、組織の中枢である総務・人事関係の要職が歴代の天下りポストとされている場合、「植民地」と見做されても仕方がないであろう。

 天下りの弊害

　官庁版天下りの弊害としては、天下り元と天下り先の癒着や、天下りの維持のために非効率な業務が温存されるなど、税金の無駄遣いが指摘されることが多いが、業務管理に関する話はさほど聞かない。天下り先が特殊法人である場合、業務の性質として経営判断があまり必要とされず、経営上の失敗がなかなか表面化しないためである。しかし、民間版天下りの場合にはそうはいかない。

　民間版天下りの弊害について、佐伯弘文・柴田昌治氏の『親会社の天

下り人事が子会社をダメにする』では、①トップダウンなし、ボトムアップなし、②長期戦略を立てようとしない、③事なかれ主義と問題先送り、④研究開発に不熱心、⑤新規設備投資に消極的、⑥すぐ縮小均衡に走る、⑦根本治療でなく対症療法で乗り切ろうとする、⑧コストダウンに不熱心、⑨不良在庫品の適切な処理をせず先延ばしする、⑩資金調達に自主性なし、⑪親会社へのゆがんだ依存心を生む、⑫天下り経営陣の態度が社員の仕事への情熱と愛社精神を奪うという12件を列挙している（同60-65頁）。

こうした指摘事項を踏まえて、天下りによる弊害を以下の3類型に整理する。

- **【類型Ⅰ】天下り幹部の主体性の喪失と従属意識**

天下り幹部が「自分は天下り元の人事異動の一環として天下り先に配置された（＝依然として天下り元に従属している）」と認識しているため、経営者としての主体性を喪失し、天下り元の意向に迎合しがちとなる問題。こうした心理が生み出される背景として、天下り元の関心が「支配―被支配関係」の維持に向けられ、天下り先の主体的発展をそもそも期待していないことが挙げられる。

- **【類型Ⅱ】天下り幹部の近視眼的姿勢**

天下り幹部は、天下り先における自らの在籍期間が短いことを承知している上に、天下りの前任者（天下り元での先輩であることが多い）への遠慮があるため、長期的視点を持てずに改革に消極的になり、何事に対しても弥縫策で糊塗しようとする問題。

- **【類型Ⅲ】プロパー社員の思考停止**

前述した【類型Ⅰ】や【類型Ⅱ】の問題を抱える天下り幹部の仕事ぶりに対し、天下り先のプロパー社員が幻滅する一方で、彼らの諦観の裏返しとして、天下り元に従属していれば大丈夫という依存心が職場に蔓延して思考停止に陥る問題。

この3類型に共通する組織体質を総括すると、「天下りによって醸成された無責任体質」となる。本事件においても、虚偽報告の開始と継続、そして障害者雇用の是正対策の遅れに関して、この無責任体質が大

きく影響していた。

 無責任体質と自己正当化

　労働者健康福祉機構が虚偽報告を開始した事情については、当時の資料が残っていないので定かでない。常識的に考えれば、所管省庁である厚生労働省から障害者雇用の改善を求められた一方で、現実問題として雇用拡大が困難であったことから、安易な解決策として虚偽報告を開始したということだろう。こうした不正行為をボトムアップで発案したとは考えにくく、幹部による指示あるいは暗黙の示唆に基づいていた可能性が高い。

　障害者雇用率が未達だと天下り元の厚生労働省に申し訳ないという迎合的思考は、【類型Ⅰ】の「天下り幹部の主体性の喪失と従属意識」の現れである。また、雇用拡大という抜本的な対策を講じずに、その場限りの弥縫策に逃避した管理者の対応ぶりは、【類型Ⅱ】の「天下り幹部の近視眼的姿勢」であり、いずれも天下りによって醸成された無責任体質と認められる。

　本事件に関与した総務担当理事以下の人事担当者たちは、虚偽報告により個人的利得を得ることはなかった。それにもかかわらず、疑問や反対を表明せずに虚偽報告の手続きを粛々と進めていたことが特徴的である。一般的に、多数者によって不正が行われる場合、その取りまとめ役となる首謀者が存在するが、本事件ではそういった者は見当たらない。そもそも誰も積極的に反対することがなく、事務的に作業を進めていったために、首謀者が必要とされなかったからだ。

　本来であれば、不正行為を自ら実行することに心理的負担を感じるはずだが、関係者がそうした葛藤に深く悩んでいたとは認めがたい。その事情として、心理的負担を感じなくても済むように虚偽報告を自己正当化していたことが挙げられる。

　関係者の間には、「以前から組織として行っていたことだから、自分も従わざるを得ない」という前例踏襲の意識が存在した。また、「虚偽

報告に関して上司に相談したけれども、上司が具体的な指示を出してくれなかった」と自己正当化したケースも認められる。しかし、上司が指示を下さないのであれば、部下として指示伺いを繰り返すべきだ。たとえ上司の沈黙を「暗黙の了解」と認識したとしても、違法行為に関する指示は業務命令として無効であり、それに従う義務を有しない。

　このように前例踏襲や上司の沈黙を自己正当化の口実としたのは、自ら判断することを放棄したに等しい。おそらく人事班長以下の下位職員には、【類型Ⅲ】の「プロパー社員の思考停止」が発生していたのであろう。上司である厚生労働省出向者が虚偽報告を放置している以上、プロパー職員の部下としては、自己保身のために思考停止せざるを得なかったのだ。

厚生労働省を守ろうとする天下り幹部

　不正に関与していた人事担当者たちも、虚偽報告の取り止めを検討したことがあった。しかし、正確な数字を報告した場合には過去の報告との整合性が取れず、以前から虚偽報告を続けていた事実が発覚するとの理由で見送られた。言い換えれば、過去の虚偽報告の発覚を回避するという組織防衛の見地から、今後も虚偽報告を継続せざるを得ないとの判断に至ったのである。

　当時は、特殊法人改革を求める世論が非常に強く、同じく病院施設の運営を主たる事業とする国立病院機構と統合すべきという意見も強かった。そのため、本件不祥事が発覚した場合、機構統合の形で労働者健康福祉機構が消滅するのではないかと関係者が危惧していたのである。

　さらに注目すべきは、組織防衛の対象となる「組織」の中に、監督官庁である厚生労働省も含まれていたことだ。特に厚生労働省からの出向者である総務担当理事・総務部長・人事課長の三者は、同省に傷がつかないように守ろうとする組織防衛の意識が強かったとされる。労働者健康福祉機構の幹部にもかかわらず、天下り元の厚生労働省への配慮を重視していたことは、【類型Ⅰ】の「天下り幹部の主体性の喪失と従属意

識」そのものである。

　ただし、出向者の立場とすれば、省内での自らの評価を下げないように行動するのは、自己保身の面からも当然と言えよう。筆者が事情聴取した独立行政法人の元職員は、「官僚の再就職規制の関係で、独立行政法人に対する現役官僚の出向数が増えている。彼らは短期間で出身省庁に戻ることが予定されているため、むしろ官僚OBよりも出身省庁に対する従属意識が強く、独立行政法人の独立性を大きく損なう要因となっている」と説明してくれた。

　ちなみに、労働者健康福祉機構と国立病院機構の統合を恐れる心理も、やはり厚生労働省の組織防衛という側面を有している。統合後も個々の病院施設は維持されるので現場での変化は比較的小さいが、2つの本部機能が1つに統合される結果、厚生労働省官僚の天下りポストの減少が避けられない。さらに言えば、労働者健康福祉機構は旧労働省の縄張りであって、旧厚生省系統の国立病院機構と統合されることは避けたいと考えていたはずだ。

是正対策の遅れ

　表4は、労働者健康福祉機構と、独立行政法人等（国立大学法人等を含まず）・国・民間企業の障害者雇用状況を比較したものである。法定雇用率を達成した機関の比率は、独立行政法人等が80％前後（2008年以降）、国が90％以上と高く、民間企業でも40％以上を維持している。それに対して労働者健康福祉機構は、実雇用率が法定雇用率を満たしていないだけでなく、他と比べて数値が常に大幅に下回っている。

　労働者健康福祉機構の財務状況は、経常費用が経常収益を上回ることが多く、当期総利益は2010年度と2012年度を除き赤字となっていた。そのため、同機構の中期計画では、人件費の抑制と施設管理費の削減により、一般管理費を前期よりも15％程度減らすことを目標としていた。障害者雇用を促進しようとすると、人件費の負担増につながってしまうため、天下り幹部が是正対策に踏み切れなかったのであろう。これは、

第4講　労働者健康福祉機構の虚偽報告事件

表4　障害者雇用率の比較

		2006年	2007年	2008年	2009年	2010年	2011年	2012年	2013年	2014年
労働者健康福祉機構	法定雇用率	2.10%	2.10%	2.10%	2.10%	2.10%	2.10%	2.10%	2.30%	2.30%
	実雇用率	0.47%	0.56%	0.53%	0.69%	0.82%	0.77%	0.93%	1.42%	1.76%
独立行政法人等	法定雇用率	2.10%	2.10%	2.10%	2.10%	2.10%	2.10%	2.10%	2.30%	2.30%
	実雇用率	1.55%	1.97%	2.26%	2.28%	2.35%	2.22%	2.22%	2.37%	2.34%
	達成機関率	51.5%	59.3%	84.0%	83.9%	83.7%	86.7%	84.5%	76.0%	80.8%
国	法定雇用率	2.10%	2.10%	2.10%	2.10%	2.10%	2.10%	2.10%	2.30%	2.30%
	実雇用率	2.17%	2.17%	2.18%	2.17%	2.29%	2.24%	2.31%	2.44%	2.44%
	達成機関率	97.4%	100.0%	100.0%	97.4%	97.4%	100.0%	100.0%	97.5%	97.5%
民間企業	法定雇用率	1.80%	1.80%	1.80%	1.80%	1.80%	1.80%	1.80%	2.00%	2.00%
	実雇用率	1.52%	1.55%	1.59%	1.63%	1.68%	1.65%	1.69%	1.76%	1.82%
	達成企業率	43.4%	43.8%	44.9%	45.5%	47.0%	45.3%	46.8%	42.7%	44.7%

（厚生労働省報道発表資料に基づき筆者作成）

【類型Ⅱ】の「天下り幹部の近視眼的姿勢」と認められる。

　ちなみに、2012年以降に同機構の実雇用率が大きく上昇したのは、当時の人事課長が現場の病院などに対して障害者雇用を促進するよう積極的に指導したことによる。これは、2016年に労働安全衛生研究所との統合が予定されていたためらしい。統合時には職員数について詳しい説明を求められるため、是正対策を早急に進めざるを得なかったのである。

内部監査の空白

　労働者健康福祉機構の本部には内部監査室が設置されていた。しかし、そもそも本部内で不正が発生することを想定しておらず、内部監査は専ら各施設・病院を対象としていたため、本件の報告については、人事課以外の者がチェックを行う仕組みが存在しなかった。

　内部統制システムの構築に当たって、空白部分を設けるべきでないことは当然であるが、現実には、幹部や重要部署に対する内部統制が不十分となっていることが少なくない。「まさかそんなことをするはずがな

い」という希望的観測が障害となってリスクを直視できず、内部統制システムの空白が生み出されてしまうのだ。

その一方で、内部監査で業務の細部までチェックすることは、現実問題として困難である。虚偽報告のような不正行為の摘発に当たっては、関係者による内部通報に期待するところが大きい。本件の不正については相当数の職員が承知していたはずだが、内部通報は行われなかった。

幹部が不正に関与していた場合、「たとえ通報したとしても、事件は隠蔽されてしまって、通報者は身元を特定されて排除されるのではないか」と下位者が予断を抱くことは避けがたい。特に天下り問題が存在する組織では、【類型Ⅲ】の「プロパー社員の思考停止」と結びついて、内部通報制度の機能不全を起こしやすいと考えられる。

また、虚偽報告を認識していた職員の多くは、過去に自らも関与していた「共犯者」であり、内部通報を躊躇うのは当然であろう。この問題に対処するため、第三者委員会報告書が、「通報者及び調査に協力した者については処分の減免を行うことを前提にした内部通報・調査制度を設けることを検討すべきである」（同55頁）として、いわば「社内版司法取引制度」を提言したことは注目に値する。

事件の原因メカニズム

本事件の原因メカニズムの中で特に留意すべきポイントは、次の2点である。

第1の留意点は、天下りによって醸成された無責任体質のリスクである。天下りの人事慣行は、官庁関係だけでなく民間企業でも広く見受けられ、天下りによる無責任体質が様々な企業グループを蝕んでいるおそれは否定できない。そのインパクトの大きさについて、伊丹教授は、「90年代の日本の低迷の一つの大きな背景として、官民を問わず、「天下り」による組織生産性の低下という大問題があったのではないか」と述べている（「高齢化ニッポン「民間天下り」のジレンマ」125頁）。

日本経済の成長の鈍化と人口の高齢化に伴い退職者の再雇用問題がク

ローズアップされる中で、天下りの弊害についてあらためて検討する必要があろう。その一方で、多くの民間企業で天下りが人事制度の重要な一翼をなしている上に、そのメリットも無視できないことから、天下りの廃止は困難である。そこで、天下りを維持しつつ、その弊害をなるべく縮小するという次善の対応が求められる。

　具体的な対策としては、天下り先のトップには現場経験の長い者を充てること、天下りの在籍期間を長くしてプロパー社員と一体化させること、天下りのポストを固定せずに当人の実力と適性に応じて配置することなどにより、天下り先の経営に一定の独立性を確保すべきである。

　第2の留意点は、不正行為の自己正当化のリスクである。「動機・プレッシャー」「機会」「姿勢・正当化」の3件をリスク要因とする不正のトライアングル論は、今日の監査実務で広く用いられており、2013年に企業会計審議会監査部会が設定した「監査における不正リスク対応基準」でも3要因を提示している。その一方で、「動機」や「正当化」といった行為者の内心に係る要素は観察が困難であるため、実際の不正防止対策では、内部統制システムを通じて「機会」を減らすことに力点が置かれている。

　しかし、日本における組織不祥事の傾向として、米国のように経営者や管理者が自らの利得のために行う不正は少ない。不正行為を自己正当化する何らかの事情が存在するために、心理的抵抗が軽減されて不正に踏み切ってしまうケースが散見される。したがって、コンプライアンスが如何なる事情よりも優先されることを企業の行動規範などで明示するとともに、本稿で指摘した「前例踏襲」「上司の沈黙」「組織防衛」などの事情が不正を正当化するわけではないと社内教育で繰り返し説明することが有用であろう。

　また、虚偽報告に関しては、その反復性と拡大性について注意喚起する必要がある。虚偽報告を始める際には、「取りあえずこの局面をしのげれば」という刹那的視点に陥っているケースが少なくないだろう。しかし、ひとたび虚偽報告を行えば、その事実を隠蔽するために、以後の報告でもウソを重ね続けなければならず、さらに関連の案件について

第1章　無くならない不祥事

も、やはり虚偽の説明を開始せざるを得なくなる。

　要するに、虚偽報告をいったん開始すれば止めることができず、どんどん範囲を拡大して多くの社員を巻き込んでいくリスクがあるのだ。虚偽報告は倫理的に許されないというだけでなく、長期的視点から考えた場合に、その代償があまりに大きく「割に合わない」という発想に基づいて社内教育を行うことも効果的であろう。

教　訓

　組織の新陳代謝を促進するとともに、これまでの会社への貢献に報いるため、退職者の再雇用に配慮するのは大切であるが、天下り先での実権をむやみに与えるべきではない。権限を与えずに給料だけ渡して、日がな一日お茶でも飲んでいてもらうほうがずっと良い。企業グループ内の序列では、親会社の課長職のほうが孫会社の経営者より格上かもしれないが、上司に指示を仰ぐだけでよかった課長どまりの人間に、小なりといえども一城の主が務まるわけがないからだ。グループ会社の経営を自立させなければ、いつまでも親会社の脛をかじり続けるだろう。

参考資料

- Cressey, D. R. (1953) *Other People's Money : A Study in The Social Psychology of Embezzlement,* Free Press
- 伊丹敬之（2002）「高齢化ニッポン「民間天下り」のジレンマ」プレジデント 40 (1), 123-125 頁
- 佐伯弘文・柴田昌治（2008）『親会社の天下り人事が子会社をダメにする』日本経済新聞出版社
- 第三者委員会（2014）『報告書』
- 中野雅至（2009）『天下りの研究　その実態とメカニズムの解明』明石書店
- 樋口晴彦（2016）「労働者健康福祉機構の虚偽報告事件の事例研究　―「天下り」問題を中心に―」『千葉商大論叢』53(2), 187-207 頁

第5講
日本交通技術の外国公務員贈賄事件

―「会社のために」不正を犯す社員たち―

 事件の概要

　日本交通技術は、1958年に旧国鉄関係者によって設立され、鉄道設備に関する各種調査、計画、設計、施工監理などの鉄道建設コンサルタントを業務としている。同社の2013年3月末時点の従業員数は194人、2012年12月期の業績は売上額3,422百万円、利益32百万円であった。

　2014年3月、ベトナム・インドネシア・ウズベキスタンにおけるODA事業の鉄道建設コンサルタント業務に関連して、同社が外国公務員に不正なリベートを提供したという不正競争防止法違反（第18条第1項）事件が発覚した。東京地裁平成27年2月4日判決は、同社に罰金9,000万円、甲代表取締役（役職は事件発覚時）に懲役2年、乙常務取締役に懲役3年、丙取締役に懲役2年6月の判決を言い渡した（いずれも執行猶予付き）。同社はJICAからODA事業への参加停止処分を受け、同業他社に事業部門を譲渡する形で海外事業から完全撤退した。

　事件の首謀者である乙常務取締役（国際部担当）は、90年代にインドネシアでプロジェクトマネジャーとしての実績を積み、2004年から事件の発覚まで（2012年〜2013年の1年間を除く）、国際部長として海外事業を統括していた。問題のリベート提供は、乙の指揮のもとに関係者が緊密に連携して実行していた。

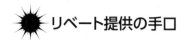 リベート提供の手口

　インドネシア事件では、インドネシア運輸省鉄道総局のジャワ南線複線化事業等のコンサルタント契約について、2010年1月から2014年1月にかけて合計21億7,725万ルピア（約2,200万円）及び500万円のリベートを提供した。同事業に関する日本交通技術の契約金額は、総計15億9,250万円であった。

　事件の手口としては、外注先の現地企業の協力を取り付けた上で、金額を水増しした外注費を振り込み、その水増し分をキックバックしてもらい、駐在事務所の金庫にルピア紙幣をプールした上で、相手に現金を手渡していた（会計処理は「設計等委託費」）。それ以外にも、家具使用料やコンピュータ・オフィスのリース契約について、架空契約や金額の水増しをする形で、同様に現地企業からキックバックを受けていた（会計処理は「使用料」又は「設計等委託費」）。

　ベトナム事件では、ベトナム鉄道公社のハノイ市都市鉄道建設事業のコンサルタント契約について、2009年12月から2014年2月にかけて合計6,600万円のリベートを提供した。同事業に関する日本交通技術の契約金額は、27億6,700万円であった。

　本件の特徴は、相手からの要請に基づき円紙幣でリベートを提供したことである。本社で仮払金の形で出金し、ベトナムに出張する社員が円紙幣を直接持ち込み、相手に現金を手渡すという粗雑な手口だった。ベトナムでは銀行規制が厳しく、現地事務所の口座に送金できなかったためである。

　ウズベキスタン事件では、ウズベキスタン鉄道の鉄道電化事業などのコンサルタント契約について、2012年6月から2014年3月にかけて、合計71万7,845ドルのリベートを提供した。同事業に関する日本交通技術の契約金額は、総計6億4,923万円であった。

　本件の特徴は、相手がダミー会社の銀行口座を用意していたことである。事件の手口としては、駐在員が架空の賃貸契約書を作成して、ダミー会社の銀行口座（ラトビア所在）に送金した（会計処理は「地代家

賃」又は「手数料」)。それ以外の手口としては、ベトナム事件と同様に、本社で仮払金の形で出金し、ウズベキスタンに出張する社員がドル紙幣を直接持ち込み、相手に現金を手渡していた。

　このうちインドネシアでは、1990年代から様々な形で利益供与が行われており、リベートのノウハウが蓄積されていた。第三者委員会報告書は、「こうしたリベート提供は、歴代のPM（プロジェクトマネジャー）と駐在事務所長との間で、「ノウハウ」として脈々と引き継がれてきた。具体的には、DGR（鉄道総局）との交渉の仕方、金額の相場水準、資金捻出と経費処理の仕方、リベート資金の保管・記録・管理方法、個別の支払方法などである」（同51頁）と指摘している。しかしベトナムやウズベキスタンでは、インドネシアと比べて取引の歴史が浅く、リベート提供のための枠組みが構築されていなかったため、仮払金の支出と社員による現地持ち込みという粗雑な手法を取らざるを得なかった。

経営悪化に伴う海外事業への傾斜

　1991年のバブル崩壊後、景気の低迷と公共投資の縮小を受けて、日本国内の鉄道事業が減少したことにより日本交通技術の業績は下降した。事件当時も、**表1**が示すように売上の減少と利益率の低迷に悩んでおり、2012年には役員報酬及び管理職手当の一部カットが行われ、2013年には全社員の冬季賞与の支給が見送られた。

　こうした情勢を受けて、同社では、2009年から海外案件の受注拡大を重要課題と位置付け、鉄道事業への投資が伸びている発展途上国での事業開拓を進めていた。第三者委員会報告書は、「国内業務が先細りしていく懸念の中で、海外案件でカバーしていかなければJTC（日本交通技術）の将来はないという危機感がある。「海外案件の受注拡大」が当社の経営方針である以上、これを実現するためのリベート提供は是認ないし受容されるという発想が国際部にはあった」（同82頁）と認定した。

　日本交通技術の関係者をさらに追い込んだのは、巨額の先行投資を

第1章　無くならない不祥事

表1　日本交通技術の経営状況

	売上 （百万円）	当期利益 （千円）	利益率
2013年12月期	2,666	− 308,828	− 11.6%
2012年12月期	3,422	32,109	0.9%
2011年12月期	4,195	39,037	0.9%
2010年12月期	4,548	58,684	1.3%

（信用調査機関のデータに基づく）

行っていたことである。鉄道コンサルタント事業の性質として、プロジェクトの発掘・形成やフィージビリティ・スタディの時点ですでに各種調査などに多額のコストをかけており、その後も段階が進むに連れて先行投資が拡大する。もしも受注に失敗すれば相当な損失が発生するので、日本交通技術としては、多額の先行投資をいわば「人質」にとられている状態であった。

　例えば、ベトナム事件については、「（日本交通技術が、）海外業務を行ってきた中でも最大の案件であり、案件形成から受注に漕ぎ着けるまでの間に、およそ8000万円に及ぶ経費を先行投資してきた。リベート要求に応じなければ、本件を受注できずに先行投資した経費がすべて無駄になってしまう可能性があった」（第三者委員会報告書22頁）とされる。

　また、発展途上国の悪弊として、リベートがビジネス慣行と化し、各種手続きを円滑に進めるための潤滑剤となっていた。日本交通技術の関係者は、契約に伴って支払わなければいけない「手数料」のようなものと認識していたという。

　とくに鉄道事業に関しては、一部の外国企業がリベート攻勢をかけていたため、日本交通技術もリベートを提供しなければ競争上不利になるという事情も存在した。事件関係者は、「●●国や●●国などの他の会社がこれくらい払ったということをクライアントから聞いていたので、みんながやっているからしょうがないのかなという感じだった」（第三

者委員会報告書71頁）と証言している。ちなみに、「●●国や●●国」とは、読者がご想像されるように、賄賂関係で『定評』がある中国と韓国であろう。

経理課長がリベートの会計処理に協力

　国際部の経費支出については、当然のことながら、経理課でチェックする。ところが、国際部から回ってくる経費の証憑類は英語で記載されていたため、経理課ではその内容についてほとんどチェックせず、そのまま経費処理をしていたという。英語の「壁」のために、経理課が内部統制の機能を果たしていなかったのだ。

　しかし、ベトナムとウズベキスタンについては、リベート提供の枠組みが構築されておらず、仮払金の支出と社員による現地持ち込みという粗雑な手法を取らざるを得なかった。これほど多額の仮払金の支出というのは異常であり、普通であれば経理課が認めるわけがないが、経理担当の幹部が不正な会計処理に協力していた。

　2009年11月、乙からリベート資金の捻出について相談を受けた丙（当時の役職は経理課長）は、「約束したリベートを支払わないと大型受注が止まってしまうと説得され、自分がこの大型受注を止めてしまうわけにはいかないと考え、仕方なく協力することとした」（第三者委員会報告書63頁）とされる。2010年4月に丙が総務部担当部長（経理課を所管）に昇任した際には、丙自身が後任の経理課長に事情を説明して引き継いだ。

　ちなみに、ベトナムでは、税制の関係で架空領収書を作るのが難しい上に、水増し外注費をキックバックしてくれる現地企業を見つけることも困難であった。そのため、リベートをいつまでも経費として処理できず、仮払金の残高が次第に増えることとなった。この仮払金の増加を不審に思った常勤監査役が質問した際には、丙が「海外案件ではプロジェクトが終了しないと仮払金を経費化できない」と説明して誤魔化した。

第1章 無くならない不祥事

 社内役員による監督の不在

　日本交通技術の役員構成は、取締役8人と監査役1人であり、代表取締役以外の社内取締役は部長・支社長などの役職を兼務していた。取締役のうち2人は社外取締役であったが、彼らが出席する取締役会は形骸化しており、重要事項に関する実質的な審議は、社内取締役と監査役によって構成される「役員会」で行われていた。

　前述のとおり、日本交通技術は海外事業の開拓に力を入れていたが、国際部の業績は変動が大きく、2012年度に183百万円、2013年度に270百万円という巨額の営業赤字を計上していた。海外事業のリスクが非常に高い以上、役員会としては、その業務状況を精査すべきであった。

　しかし実際には、この役員会でも、海外プロジェクトのリスクや、そのリスク管理についての報告や議論がなされたことはなかったという。海外事業の特殊性により、乙が長期にわたり国際部長の役職にあったことから、他の役員には海外事業に関する知見がなく、乙に任せきりにしていたのだ。

　それでも、リベートについて役員たちがまったく認識していなかったとは考えにくい。社長の甲は、「リベートの問題は他のコンサルタント業者や施工業者の知り合いから聞くことがあったので、JTC（日本交通技術）でももしかしたら同様のことをやっているかもしれないとは思っていた。しかし、リベートの提供について、追及したり、調べたり、監査をしたり、報告させるといった対応はしたことはなかった。私としては、JTCの社員がリベートを提供しているという事実を聞きたくない、知りたくないという感情もまったくゼロではなかった」（第三者委員会報告書64-65頁）と証言している。

 リベート発覚時の不徹底な対応

　前述の事情により仮払金の残高が千万円単位に膨張したため、乙は「作業未払金」として経費に計上しようとした。しかし、2013年4月に

税務調査を受けた際に、国税当局からこの処理を否認されてしまった。この時に国税担当官から「リベートは『使途秘匿金』として税務処理できる」と知らされたため、日本交通技術ではその方式で処理し、計1億300万円の追徴課税を受けた。

　かくしてリベート提供が明らかとなったため、5月14日及び6月12日の役員会では、その是非について議論がなされたが、結論を出せずに持越しとなった。7月1日に甲、乙、丙などが出席した会議では、乙が「リベートを止めれば受注は半分以下になり、大幅な人員整理が必要になる」と説明した上で、「コンプライアンスの問題をどう整理するかは後回しにして、「ある程度」のリベート提供を継続して、プロジェクト業務を確保する」という案を提示した。

　7月11日の役員会で再び議論がなされたが、やはり明確な結論は出なかった。出席者は「今後リベートを提供していくかどうかは、会社にとって重要な事柄であるにもかかわらず、役員会で結論は出ていない。意見はあったかもしれないが、何となくウヤムヤになってしまった」（第三者委員会報告書68頁）と証言している。ところが、7月18日に開かれた国際部の管理職会議では、「今後の方針として役員会では利益供与もやむなしとの結論に達した」との説明が行われた。

　この辺りの状況について第三者委員会は、7月11日の役員会の時点で黙示的にリベート継続の意思決定がなされたと認定している。リベートという不法行為を役員たちが認識したにもかかわらず、それに対して取り止めの意思を明示しなかった以上、黙示的に了解したと見做されるのは当然であろう。役員たちとしても、社員のリストラを回避するには海外業務で売上を確保しなければならず、リベートを拒否していてはこの数字を達成できないと考えていたようだ。

✸ 外国公務員贈賄のリスクについての認識不足

　近年、発展途上国におけるビジネスに関して、外国公務員贈賄罪により摘発されるリスクが高まっている。その背景について、高巌・國廣

正・五味祐子氏の論文「グローバル・リスクとしての海外腐敗行為 ―ナイジェリア贈賄事件を巡って―」は、「米欧が「属地主義」「属人主義」の論理を柔軟に駆使し、国内法を実質的に域外適用し始めた」（同3頁）と指摘した。ちなみに、2013年12月には、OECD贈賄作業部会が日本における外国公務員贈賄罪の検挙が少ないとの懸念を表明しており、こうした国際圧力を受けて日本の捜査機関も、今後は摘発を積極化するものと考えられる。

　表2は、米国が「海外腐敗行為防止法（FCPA：Foreign Corrupt Practices Act）」で摘発した企業の罰金額上位10社であるが、このうち米国企業は2社にとどまる。残りの8社のうちフランス企業が3社、ドイツ企業が2社、日本企業では日揮が9位に入っている。罰金の最高額は、2008年に摘発されたドイツのジーメンス社の8億ドルであり、日揮も2億1,880万ドルを支払った。海外の捜査機関に摘発された場合、このように罰金額が極めて高いこともリスクを大きくしている。

　米国の連邦量刑ガイドラインによると、以下のようにして罰金額が決

表2　FCPA違反企業上位10社

順位	年	企業名（国名）	罰金額（百万ドル）
1	2008	Siemens（ドイツ）	800
2	2014	Alstom（フランス）	772
3	2009	KBR/Halliburton（アメリカ）	579
4	2010	BAE（イギリス）	400
5	2013	Total SA（フランス）	398
6	2014	Alcoa（アメリカ）	384
7	2010	Snamprogetti Netherlands B.V./ENI S.p.A（オランダ/イタリア）	365
8	2010	Technip SA（フランス）	338
9	2011	日揮（日本）	218.8
10	2010	Daimler AG（ドイツ）	185

（Cassin（2014）より）

定される。まず「基準罰金額」として「違法な支払いの見返りに受け取った利益に相当する額」を設定する。次に被告企業の悪質性を示す「有責点数」を検討する。その有責点数に対応する乗数を基準罰金額に乗じることで、罰金額の範囲を決定する。ちなみに、乗数の最大値は4倍、最小値は0.05倍である。

　被告企業が自首あるいは捜査に協力的と認定された場合は、有責点数が減らされて罰金額も下方にシフトする上に、司法取引によってさらに減額してもらうことも可能となる。逆に裁判で争って敗訴した場合には、罰金額は極めて大きくなる。このように罰金額を調整することで、被告企業側に対し、司法取引に応じて捜査機関に協力したほうがよいとの強いインセンティブを与えている。

　また、捜査機関への協力内容として、日揮のケースでは、不正支払や帳簿の改竄、内部統制などに関する全ての情報を開示すること、この開示についての担当者を指名して正確な情報を提供すること、司法省の要請に応じて関係者から証言を得られるように最大限の努力をすること、提出した情報や証言を他の政府機関にも開示することに同意することが、合意の中に含まれている。

　捜査機関側は、被告企業から高度かつ詳細な犯罪情報を入手できるため、当該事件の全容解明が容易になるとともに、被告企業が関与した別の事件の摘発も可能となる。以上のように、多額の罰金と司法取引という「アメと鞭」を捜査機関が活用することにより、外国公務員贈賄罪の摘発に向けてのハードルは相当に低くなっているのだ。

　しかし、日本交通技術の関係者は、「国税調査後も、社員が逮捕されるかもしれないといったことまでは認識していなかった。国内で贈賄行為を行うと逮捕されることは十分わかっていたが、海外ではリベートを提供することが普通のことだというのを同業他社から聞いたことがあったし、国税からもきちんと処理をすれば問題ないと言われたということも聞いたので、海外ではリベートを提供しても逮捕されることはないと思っていた。国内と海外では別であるという感覚だった。　（中略）　海外贈収賄について、近年厳しく取り締まりが行われるようになってきた

という状況も認識していなかった」（第三者委員会報告書78頁）と証言している。要するに、国際的な意味での「世間知らず」だったというわけだ。

ちなみに、日本企業による外国公務員贈賄事件の先例として、ベトナムでのハイウェイ建設事業に関連してパシフィックコンサルタンツインターナショナル（PCI）が2008年に摘発された。しかし日本交通技術では、PCI事件のことは承知していたが、社内で今後の対応を検討したことはなかったという。

事件の原因メカニズム

本事件の原因メカニズムの中で特に留意すべきポイントは、次の2点である。

第1の留意点は、リベートの提供という不正行為に対して心理的抵抗を感じなくても済むように関係者が自己正当化していた問題である。これは、第4講の労働者健康福祉機構事件のところで、「不正行為の自己正当化のリスク」として説明したとおりだ。

日本交通技術の関係者は、リベートの違法性を承知していたが、「会社の存続のために海外事業の伸長が必要」→「海外事業を勝ち取るにはリベートが不可欠」→「会社のためにリベートを継続せざるを得ない」という論理構成に基づき、組織防衛の見地から自己正当化していたのである。

本事件では、海外事業を担当する国際部の社員だけでなく、それに対して内部統制機能を発揮すべき経理課長や乙以外の社内取締役たちも、同様の理由で自己正当化を図っていた。組織防衛の意識は、担当部局のみならず全社的に共有できる性質のものであるため、リスク管理体制全般を機能不全に陥らせるおそれがあることに注意が必要である。

その対策としては、コンプライアンスが如何なる事情よりも優先されることを企業の行動規範で明示するとともに、たとえ組織防衛であっても不正が正当化されるわけではないと社内教育で繰り返し説明すること

が有用である。特に本事件の場合には、発展途上国におけるビジネスでリベートを要求されるケースが少なくないことを国際部以外の役員も承知していたのであるから、あらかじめリベートの禁止について経営方針を明確化しておくべきであった。

第2の留意点は、海外事業がそれまで社内の傍流であったために、その監督に必要な知識やノウハウが不足していた問題である。

筆者の前著『なぜ、企業は不祥事を繰り返すのか』では、メルシャンの水産飼料事業部における循環取引事件の原因として、同事業部が社内で傍流事業の位置付けで事業内容も特殊であったため、経営者の関心や知識が不足するとともに、事業部内の人事が閉鎖的で長期配置が通例となっていた問題を指摘した。この原因メカニズムを「傍流事業の特殊性のリスク」と呼ぶ。

日本交通技術では、以前は国内事業が主流であり、傍流の海外事業を乙に任せきりにしていたので、他の社内取締役には海外事業の経験がまったく無かった。その結果、国内事業の低迷を肩代わりする新しい柱として海外事業が浮上した際に、乙以外に海外事業を承知している者がいなかったために、実質的に監督不在の状態が続いていた。

事業構造が大きく転換して、かつて傍流であった事業が会社の主流に急成長した場合、それに対する内部統制や監督機能の整備が追い付かなくなるおそれがあることに注意が必要である。特に日本企業では、社内の主流事業を歩んできた生え抜きが役員に就くことが通例であるため、経営層が新しい主流事業（かつての傍流事業）について十分なノウハウを持ち合わせていない可能性がある。こうした監督機能の空白に対処するために、社外役員やコンサルタントなどの外部の人的資源の活用を検討すべきであろう。

教訓

もしもリベートを提供しなかったとしたら、おそらく受注額は相当に減り、日本交通技術では社員のリストラを迫られる事態となったはずだ。

第1章　無くならない不祥事

このような内情のもとで、不正の誘惑に耐えることは難しい。もしも筆者が彼らの立場にあったとしたら、やはり不正に手を染めていたことだろう。それではいったいどうすればよかったのか。正解は、「そもそも特定の海外プロジェクトに社運を賭けるような状況に陥らないこと」である。凡庸な経営者は、会社の業績が傾いてから新たな道を探ろうとするが、それではもう手遅れなのだ。既存事業が好調なうちに、次代を担う新事業をしっかり育てておかねばならない。

参考資料
- 東京地裁平成 27 年 2 月 4 日判決
- Cassin, R. L.（2014）"With Alstom, three French companies are now in the FCPA top ten" The FCPA Blog, December 23, 2014,
- United States Department of Justice（USDJ）（2011）"United States v. JGC Corporation Docket No. 11-CR-260"
- United States Sentencing Commission（USSC）（2014）"2014 Guidelines Manual Chapter Eight – Sentencing of Organizations"
- 第三者委員会（2014）『調査報告書（公表版）』
- 髙巖・國廣正・五味祐子（2012）「グローバル・リスクとしての海外腐敗行為―ナイジェリア贈賄事件を巡って―」『麗澤経済研究』20（2），1-24 頁
- 樋口晴彦（2015）『なぜ、企業は不祥事を繰り返すのか　―有名事件 13 の原因メカニズムに迫る―』日刊工業新聞社
- 樋口晴彦（2016）「日本交通技術の外国公務員贈賄事件の事例研究」『千葉商大紀要』53（2），107-126 頁

第2章

企業が生き残る
ための危機管理

第6講
ペヤングソースやきそばの
ネット炎上事件

―クレームの潜在的リスクを見極めよ―

 クレーム対応の失敗

「ペヤングソースやきそば」は、カップやきそばの有力ブランドで、製造元は群馬県伊勢崎市所在のまるか食品である。"ペヤング"という名称は、「若い（ヤング）恋人たち（ペア）が一緒に食べる」との趣旨だそうだ。

2014年12月2日22時、ツイッターに「ペヤングからゴキブリ出てきた。。。」という文章とともに、やきそばの麺の中にゴキブリが入っている写真が投稿された。連絡を受けたまるか食品の担当者は、翌3日11時に投稿者の大学生A氏（男性）に面接し、その際に「製造過程で混入した可能性は考えられない」「ツイートを削除して。それがお互いのため」と説明したとされる。

その話し合いの模様をA氏が追加投稿したところ、ツイッターを読んだ人々が次々と反応し、同日のツイート数は約6000件に達した。このようにネット世界でなんらかの事件をきっかけに爆発的に注目が集まり、批判や中傷の投稿が殺到する事態を「炎上」という。

興味のある読者はネットで検索していただきたいが、ツイッターに投稿された写真では、未調理の乾麺のブロックの中にゴキブリが埋もれているように見える。それにもかかわらず、調査を始める前から「製造過

程で混入した可能性は考えられない」と断言しているのは不誠実と言わざるを得ない。さらに、「それがお互いのため」という言葉は、A氏を脅しているようなニュアンスさえ感じる。これでは炎上するのは当然であろう。

　3日夜、A氏から連絡を受けた地元保健所が工場への立ち入り調査を実施した。翌4日にまるか食品は、問題の製品と同日に製造された2種類約5万個のやきそばの自主回収を発表するとともに、A氏にあらためて謝罪した。それに満足したA氏はそれまでの投稿を削除したが、すでに本事件はネット内で大きな話題となり、問題の画像もどんどんコピーされてしまっていた。

　さらに、「ペヤングの「まるか食品」工場と他社の工場を比較してみた結果wwww」と題するスレッドが新たに立てられた。同業他社のいかにも清潔そうな製造現場と比較して、まるか食品の工場では機械類に油が付着して煮しめたような色になっている画像が掲載され、「これではゴキブリがいても不思議じゃない」と揶揄する投稿が相次いだ。さらに同社のホームページにアクセスが集中して、一時は閲覧不能の状態に陥ってしまった。このように厳しい社会的批判にさらされたことで、まるか食品は、11日にペヤングソースやきそば全種類の回収と製造中止を発表するに至ったのである。

✹ 対策は過剰すぎたのでは

　問題のやきそばについては、まるか食品が依頼した外部専門機関が「製造工程での混入の可能性は否定できない」との調査結果を発表している。当然ながら、問題のゴキブリに対する加熱状況や、工場で麺を揚げる時に使用した油と同じ成分のものがゴキブリに含まれていたかどうかについてしっかり調査したはずだ。それでも「否定できない」とされた以上、かなり黒に近い灰色と言わざるを得ない。ただし、「食品に虫が混入しているなんてとんでもない」と怒るのはナイーブすぎる。

　食品企業が異物混入を非常に警戒していることは言うまでもないが、

工場内に人や原材料が出入りする以上、このリスクをゼロにすることは極めて難しい。特に懸念されるのは虫である。足や羽根であちこち動き回る上に、下手をしたら繁殖するおそれもある。生き物＝有機物であるため、金属探知機にも引っかからない。少なくとも私が聴取した限りでは、虫混入の問題は大なり小なりどの食品企業でも発生している。ただし、今回のゴキブリのように大きな虫が混入するというのは、さすがに珍しいようだが……。

　まるか食品では、再発防止対策として数十億円をかけて工場設備を全面的に刷新した。床や壁も凹凸を無くすコーキングを行い、天井も汚れやほこりが付きにくい材質に張り替えた。さらに、製品の箱蓋内側に密封用のシールを追加した新型パッケージの導入や、工場出入口へのエアシャワーやエアカーテンの増設、麺の裏表をチェックして異物を検知するカメラ型センサーの設置、品質管理スタッフの増員などの対策も実施した。少なくとも設備面では、業界トップクラスのレベルに引き上げられたと言えるだろう。

　ただし、率直に申し上げて、工場設備の刷新という今回の対応はあまりにドラスティックである。前述のように虫混入のリスクをゼロにすることが極めて難しい以上、問題が発生するたびに設備を入れ替えていたら会社経営が成り立たない。まるか食品の場合には、ネットで揶揄されたように工場の老朽化がかなり進んでいたので、本来であればもっと早めに行うべきだった改装を今回実施しただけと筆者は解釈している。

　また、まるか食品では、約300万個の製品を約6億円かけて回収した。これだけ話が大きくなった上に、ゴキブリ混入の写真がコピーされてネットで出回っていたので、消費者の信用を取り戻すには全品回収もやむを得ないと判断したのであろう。言い換えれば、危機管理の初期対応に失敗したための非常措置であり、決して一般化すべき話ではない。

　通常の虫混入事件の場合には、食品衛生上のリスクが認められる製品以外については、一部ロットの回収で十分であろう。本事件について言えば、麺を油で揚げてしまう（＝高熱で雑菌は死滅する）ため、麺の製造中に虫が混入したとしても、他の製品には食品衛生上の問題は起きに

くい。したがって、回収の範囲としては、同日に製造したロットと、同じ原材料あるいは油を使用したロットくらいにとどめてもよかったのではないか。

炎上のカギは情報の信用度

　ペヤングソースやきそばの生産が再開されたのは翌2015年の5月19日、店頭販売の再開は6月8日であった。販売再開の当日は、ペヤングソースやきそばの復活を歓迎するネット投稿が7万件以上もなされ、一部の店舗では品切れになった。1975年に発売して以来、40年間にわたって築き上げたブランドへの消費者のロイヤルティは崩れなかったということだ。

　しかし、いつもこのようにうまくいくとは限らない。一般消費者を相手にする企業が、ネット世界でのネガティブな投稿に注意を払うのは当然である。最近では、危険性の高い投稿を迅速に検知し、炎上の防止や「鎮火」のための措置を企業側にアドバイスするコンサルティング企業も現れている。

　その一方で、ネット世界は玉石混淆、というよりもほとんどは「石」なので、あらゆるネガティブな投稿に対応することは現実的ではない。クレーム処理に当てられる会社資源に限界がある以上、「どんなクレームにも誠実に対応する」というのは、「重大な案件には中途半端な対応しかできない」とイコールであるからだ。

　ペヤングソースやきそばのような大量販売商品については、様々なネガティブ情報がネットに流れていただろうし、その中には消費者側の誤解（虫の混入も、実際には消費者が開封してから虫が入ったというケースが多い）や、理不尽な言いがかりも少なくなかったはずだ。その結果、クレーム担当者が頭から否定してかかる対応に慣れてしまい、「製造過程で混入した可能性は考えられない」との不適切な発言で炎上させてしまったのではないだろうか。このような失敗を防ぐためには、ネガティブ情報の危険性を見抜く目が必要となる。

炎上の原因としては、本件のような不祥事の他に、劣悪な勤務状況（ブラック企業）の指摘、従業員による内部告発や不適切投稿というケースも多い。ただし、そうした投稿がなされても、必ずしも炎上するわけではない。過去のケースを眺めると、炎上しやすい要素として、「若者層の関心が高い企業あるいは業務であること」「投稿された情報の信用度が高いこと」の2件が挙げられる。

前者については、ネットユーザーの主力である若者層が関心を持たなければ、そもそも反応が大きくならないのは当然である。ペヤングソースやきそばが炎上したのも、若者層に認知度の高い製品であるからだ。後者の信用度については、面白い実例がある。

ペヤングソースやきそばに関しては、2013年にも虫混入の写真付き投稿がなされたことがあったが、その時には炎上していない。この2013年の投稿と今回の投稿を比較したのが表1である。要するに、2013年の投稿は、写真の信憑性に疑問がある上に、投稿者が感情的・攻撃的で説明も不足していたために、ネットの第三者の信頼を得られなかったのだ。この辺りの見極めが、今後のクレーム対策の成否のカギとなるだろう。

表1　投稿の比較

	2013年投稿	本事件の投稿
投稿者	高校生（女性）	大学生（男性）
写真の状況	すでに調理して麺の大半を食べてしまった段階で、容器の底にウジ虫が残っている状態（自作自演の疑いが払拭できない）	調理前の乾麺のブロックの中にゴキブリが埋もれている状態
投稿の口調	感情的で「意味わかんなくね?」「これガチで訴えるかんね」などの品の無い言葉を多用、一方的な不満の発露	理性的で「です」「ます」調を多用、経過について逐一説明
第三者からの質問に対する反応	「貴方に報告する義務はない」と第三者に対しても攻撃的	丁寧な口調で、できるかぎり説明しようと努力

教訓

　「お客様のあらゆるクレームを真摯に受けとめる」と方針を立てるのは簡単だが、その実態は、経営者が現場の担当者に責任を転嫁しているにすぎない。クレーム処理に当てられる会社資源に限界がある以上、あらゆるネガティブ情報に反応するのは無理である。ネット世界に乱れ飛ぶ様々な情報の中から、将来的に炎上の危険性が高い情報を見極めて重点的に対応していくことが、今後のクレーム対策の課題である。

第2章　企業が生き残るための危機管理

第7講
シンドラー社製エレベーター死亡事故

―虚偽情報に踊らないように情報リテラシーを鍛えよ―

 事故の概要

　2006年6月3日、財団法人港区住宅公社が管理する公共住宅シティハイツ竹芝において、エレベーター5号機に乗っていた高校生が12階で降りようとしたところ、エレベーターが開扉状態のまま上昇し、乗降口の上枠とエレベーターの床の間に高校生が挟まれ、胸腹部圧迫による窒息で死亡した。

　この事故に関しては、発生直後からエレベーターの欠陥と決めつける報道がさかんに行われたため、そのように認識している読者も少なくないはずだ。しかし事故の原因は、エレベーターのブレーキの故障である。半ブレーキの状態が続いてブレーキパッドのライニングが摩耗してしまったのだ。最後に定期点検が行われたのは事故の9日前であり、この時点でライニングの異常摩耗が既に発生していたにもかかわらず、適切な補修が実施されなかったために事故が生起したものである。

　東京地裁は、事故機の点検を実施したＳ社の甲代表取締役と乙専務取締役に禁錮1年6月、丙メンテナンス部長に禁錮1年2月を言い渡す（いずれも執行猶予付き）一方で、シンドラー社の東京支社保守第2課長については無罪とした。

独立系の点検業者の問題点

　エレベーター製造会社（メーカー）の基本的なビジネスモデルは、エレベーター本体を低価格で販売する一方で、その後の定期的な保守点検作業をメーカー系業者が受注することにより、長期的に利益を確保するというものだ。各社のエレベーターの仕様が異なり、保守点検の要領もそれぞれ違うために、メーカー別に顧客を囲い込む「棲み分け」が可能なためである。

　こうした事情により点検業務の利益率が非常に高いことから、近年、点検を専業とする独立系業者が設立されるようになった。事故機の点検を受注していたＳ社も独立系業者である。その一方で、こうした独立系業者は、メーカー系業者と比較して技術情報の不足が否めず、点検業務への悪影響がかねてから懸念されていた。

　例えば、最新の機種では、故障箇所や故障原因等のデータが制御盤のコンピューターに記憶されており、そのデータを入手すれば点検をスムーズに行うことが可能である。しかし、メーカー側はそのデータを読み込むための機器を外部に販売しておらず、独立系業者は自力で不具合の原因を探り出さなければならない。

　さらに独立系業者については、極端な価格競争により市場を混乱させているとの問題も生じていた。価格競争自体は消費者利益の観点から有用であるが、過当競争状態に陥った場合には、業務の質的低下は避けられない。マスコミ報道でも、一部の業者がコストダウンのために保守点検の質を落としている、あるいは単年度契約を悪用して十分な点検をせずに一年間だけ報酬を得るフリーライダー的業者が存在する等の指摘がなされていた。

　一般的に、取引主体間の情報格差が存在する場合＝「情報の非対称性（asymmetric information）」が成立する状況では、情報優位者がこの格差を利用して非倫理的な行動を取る「モラル・ハザード（moral hazard）」が発生しやすい。エレベーターの点検は、発注者側が業務の品質を評価することが難しく、点検の手抜きなどの問題行動が生じがちであった。

S社の受注優先戦略

　表1が示すように、当時、S社の売上は成長を続け、利益率も着実に上昇していた。この成功の背景となったのが、極端な低価格と全機種の受注を柱とする「受注優先戦略」である。

　S社では、低価格をセールスポイントとして受注数を伸ばす一方で、点検業務の効率化を進めることにより、点検員一人当たりの売上金額を増やし、会社全体としての利益も確保していた。ちなみにS社では、事故機の点検業務を120万円で契約したが、この金額は以前にシンドラー社が受注していた時の金額の27.1%にすぎなかった。

　さらにS社は、点検マニュアルなどの技術情報を入手していない機種であっても受注対象としていた。効率性を上げるために、とにかく受注数を増やすことが必要とされたからである。事故機種についても、S社では点検マニュアルを入手していなかった。シンドラー社の日本国内でのシェアは約1%にすぎず、滅多に取り扱わない機種であるために、S社独自で技術情報を蓄積することが出来なかったのだ。

点検担当者の問題点

　事故機の点検を担当したS社点検員の丁は、それまでシンドラー社製

表1　S社の業績

(単位：百万円、%)

	売上	利益	利益率
2007年5月期	9,957	652	6.5%
2006年5月期	9,626	518	5.4%
2005年5月期	9,278	429	4.6%
2004年5月期	7,542	235	3.1%
2003年5月期	6,455	42	0.7%

(信用調査機関の資料による)

エレベーターを担当した経験がなく、その構造や保守点検要領について指導を受けたこともなかった。S社では、入社後に3ヶ月間の座学を実施した上で、1年ないし2年のOJTにより現場で点検要領を学ぶこととしていたが、シンドラー社製エレベーターは前述したとおり絶対数が少なく、OJTで学習する機会がなかったのである。

この問題に対して被告の乙専務取締役は、「S社の保守点検業務の受注体制や教育体制等について、新しい機種に対応した教育が必要であることや、OJTだけではなく、資料による学習や講師による指導も併せて行うことで保守点検員の技量の底上げが必要である旨幹部会で発言していた」（東京地裁判決）とされる。

また、S社では、地区ごとに点検員を割り当てる地区割り制としていた。地区内のエレベーターをすべて担当させれば、業務中の移動距離が短くなって効率性が向上するためである。極端な低価格でも利益を上げようとすれば、効率性の追求が不可欠であり、その一環として地区割り制が採用されたと考えられる。

この地区割り制により、シンドラー社製エレベーターの保守点検について経験もノウハウも持たない丁が事故機を担当することになったというわけだ。この問題に対して被告の丙メンテナンス部長は、「S社の保守点検員の知識や技量については個人差が大きく、保守点検員の経験や技量に応じて担当させる機種を決めるのが望ましかったが、人的資源の問題からそのような体制は作れなかった」（東京地裁判決）と供述している。

✸ 作業時間短縮の圧力

報道によると、「S社社長らは事故前の会議や朝礼で、1時間前後かかる日常点検について「15分でできる」「素人でもできる」などと持論を展開。「15分点検」という言葉を使うなど点検を軽視していた姿勢を示していた」（産経新聞2009年3月31日朝刊）とされる。

この件も、やはり効率性を追求するために、作業時間の短縮を強調し

たと考えられる。その一方で、作業時間を大幅に短縮しようとすれば、点検項目の縮小などが避けられない。本事故でも、ブレーキの内部構造まで点検しようとすれば、相当な作業時間を取られるため、敢えて省略していた可能性がある。

　ちなみに、本事故が発生する以前にも、S社が受注していたエレベーターなどで2002年から2005年にかけて3件の事故が発生し、うち2件では乗客が負傷していた。これらの事故の原因として、マニュアルの未整備や点検員に対する教育不足という本事故と共通する問題点が明らかにされている。しかしS社では、事故が発生した機種についてだけ点検マニュアルを作成し、その他については従前どおりとしていた。

　S社としては、すべての機種について事前調査を実施し、詳細にわたる点検事項を抽出することは不可能である。そのため、点検マニュアルの作成を事故発生機種に限定するという弥縫的対応にとどめ、技術情報の不足という本質的問題を放置したのであろう。

戦略の教条的な実践

　本事件に関する第1の留意点は、S社が受注優先戦略を教条的に実践して、技術情報が不足しているシンドラー社製エレベーターの保守点検を受注してしまった問題である。

　S社の受注優先戦略については、現実にS社が業績拡大に成功していた以上、コストリーダーシップ戦略としての有効性を認めざるを得ない。そこで、同戦略の長所を維持しつつ、安全面のリスクを減らしていくアプローチが求められる。

　結論から言うと、S社としては、技術情報が不足しているシンドラー社製エレベーターの点検を受注しないという選択をすべきであった。受注優先戦略に反するが、もともとシンドラー社の市場占有率は非常に小さいので、売上に大きく影響することはない。言い換えれば、戦略の実践面で若干の妥協をすれば、安全上のリスクを大幅に軽減できたにもかかわらず、受注優先戦略を教条的に実践したことが事故につながったと

認められる。

本事件と同様に戦略を教条的に実践したことが不祥事を誘発した事例として、筆者の前著『なぜ、企業は不祥事を繰り返すのか』で解説した「ベネッセの顧客情報漏えい事件」が挙げられる。同事件では、ベネッセが顧客情報を積極的に活用する経営戦略を採用しており、情報活用を効率的に実施するために、それとトレードオフの関係にある情報セキュリティを敢えて弱体化させていた。

戦略の教条的な実践が不祥事につながるのは、「選択と集中」の負の側面と整理できる。「選択と集中」が戦略の本質的要素である以上、企業内での経営資源の配分が「偏向」することは避けられず、戦略を教条的に実践して経営資源を集中させるほど「偏向」は甚だしくなる。

問題は、そうした「偏向」の現れの一つとして、リスク管理が疎かにされることである。リスク管理は業績に直接貢献しない守備的な活動である上に、事業の安易な拡大を掣肘する機能を有する。そのため、戦略を教条的に実践しようとする立場からは、むしろリスク管理体制が弱体なほうが好ましいとされてしまうのだ。このようにして不祥事を引き起こす原因メカニズムを「戦略の教条的実践のリスク」と呼ぶ。

このリスクに対処するには、戦略の重要性を認識しつつも、その実践に当たっては教条的にならずに、実務上の要請に応じた微調整を行うことが必要である。「選択と集中」に伴ってリスク管理上の弱点が形成されることをある程度まで甘受するとしても、その弱点が致命的とならないように「守備」のバランスを取ることが望ましい。

ちなみに、「戦略の教条的実践のリスク」がS社とベネッセで発現したのは、ともにオーナー系企業で経営者の権威が非常に強く、経営者が下した戦略的判断に対して社員が意見を差し挟むことが困難であったためと考えられる。したがって、そのようなオーナー系企業では、「戦略の教条的実践のリスク」に陥る危険性が高いことに自戒すべきであろう。

 ## OJT重視による教育不足

　第2の留意点は、シンドラー社製エレベーターの絶対数が少なく、OJTの教育機会が乏しかったために、点検員に対する教育が不足していた問題である。

　一般的に、OJTの短所として、「実務の繁忙さに紛れて教育そのものが忘却される」「個々の担当者の能力に教育内容が左右される」「教育担当者が関心を持つ事項に教育が偏向する」「非定常的な業務に関する教育が不足する」「作業内容の教育（know-how）が中心となり、その根拠や理論（know-why）についての説明が不足する」の5点が挙げられる。

　筆者の前著『なぜ、企業は不祥事を繰り返すのか』で取り上げた「東京ドーム社の遊戯施設における死亡事故」では、アルバイトに対する教育を全面的にOJTに依存した結果、安全バーを実際に触わって安全確認するという基本動作がきちんと教育されなかった。そればかりか、目視のみで確認するという不適切な動作がOJTによって引き継がれ、現場に定着していたのである。このように社内教育を安易にOJTに依存することにより、安全管理などの重要事項に関する教育が不十分となる問題を「OJT重視による教育不足のリスク」と呼ぶ。

　本事件でも、S社では社内教育におけるOJTの比重が高かったところ、シンドラー社製エレベーターについてはOJTの教育機会が乏しかったことが事故の一因となっており、「OJT重視による教育不足のリスク」が発現したと認められる。

　このリスクに対処するには、社内の教育事項を整理して、OJTに適した事項とそれ以外の教育手法が必要な事項に区別することが必要である。また、基本的にOJTが有効とされる業務であっても、本件のように現場で経験を積む機会が少ないなどの特殊な事情があるケースについては、OJTに依存せず研修プログラムを整備しなければならない。

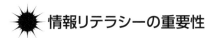 情報リテラシーの重要性

　以上のとおり本事故の原因は、S社による点検の不備と認められる。保守点検に必要な技術情報を提供していなかった点について、シンドラー社の道義的責任は否めないが、これは業界に共通する懸案であり、同社だけを批判するのは適当でない。それにもかかわらず、日本国内ではシンドラー社に対して極めて否定的なイメージが定着している。
　これは、事故の発生直後からエレベーターの欠陥が原因と決めつける報道がさかんに行われた上に、その後も同社製のエレベーターに不具合が発見されるたびに、「またシンドラー社」と大きく報道されたことによる。その背景として、シンドラー社が事故直後に被害者の遺族に対して謝罪をせず、また、シティハイツ竹芝の住民やマスコミへの情報提供を行わなかったことで、マスコミの反感を買ったことが指摘されている。
　しかし、シンドラー社の立場からすれば、事故原因が不明な段階で謝罪をするわけにはいかない。また、独立系業者に点検業務を取られて、一年以上にわたって事故機を整備していなかったので、具体的な情報を提供することもできなかった。同社の危機管理としては、日本人の情緒に配慮した対応を取るべきであったが、国際的に見れば、法的責任が不明な段階で謝罪を要求する日本社会のほうがむしろ異質である。
　現代の事故は極めて複雑で、関係者も多岐にわたるため、誰がどのような範囲で過失を犯したのかを判断することは非常に難しい。マスコミ報道が世論形成に大きな影響を与える現実を踏まえれば、情報が不足している初動段階においては、「悪者」と一方的に決めつけるような報道姿勢は厳に慎むべきである。
　しかし現実には、マスコミの体質がそう簡単に変わるはずもなく、また、マスコミ報道だけが問題というわけでもない。現代社会はまさに情報が氾濫しているが、その中には無知や確認不足による間違いがあまりに多い上に、読者を誤った方向に誘導しようと意図的に虚偽情報を発信する輩もいる。多種多様な情報が流布している現代だからこそ、その真

贋や価値を鑑別する情報リテラシーが必要となるのである。

　それでは、情報リテラシーを身に付けるにはどうすればよいだろうか。その答えは決して難しくない。日常の様々な情報を因果関係の枠内に再整理して、そこからはみ出した情報に対して疑問を投げかけてみることを習慣化すればよい。例えば本事件であれば、「日常的に使用しているエレベーターの故障なのだから、メンテナンスには問題がなかったのだろうか」という至極当然の疑問が浮上したはずである。「皆がそう言っているからそうなのだろう」と思考停止しているようでは、いつまでも「情報に踊らされる側」から抜け出すことはできない。

教訓

　ビジネスにおいて情報が重要なファクターであることは言うまでもなく、情報収集に励むのはビジネスマンとして当然だろう。しかし、そうして集めた情報は「玉石混淆」であり、貴方をミスリードしようとする有害情報も含まれているため、多種多様な情報を鑑別することが不可欠である。貴方が「情報に踊らされる側」から抜け出して、「情報を利用する側」に立ちたいのならば、情報リテラシーの陶冶に努めなければならない。

参考資料
- 東京地裁平成27年9月29日判決（判例タイムズ第1423号）
- 公正取引委員会事務総局（2003）『マンションの管理・保守をめぐる競争の実態に関する調査』
- 社会資本整備審議会建築分科会建築物等事故・災害対策部会（2009）『シティハイツ竹芝エレベーター事故調査報告書』
- 樋口晴彦（2014）「東京ドーム遊戯施設「舞姫」における死亡事故の事例研究」『日本経営倫理学会誌』第21号, 221-233頁
- 樋口晴彦（2015a）『なぜ、企業は不祥事を繰り返すのか　―有名事件13の原因メカニズムに迫る―』日刊工業新聞社
- 樋口晴彦（2015b）「ベネッセ顧客情報漏えい事件の事例研究」『千葉商大論叢』

53（1），155-171 頁
- 港区シティハイツ竹芝事故調査委員会（2007）『シティハイツ竹芝エレベーター事故調査中間報告書（第2次)』

第8講
高速増殖炉「もんじゅ」のナトリウム漏れ事故

―危機管理が始まる前に勝負は決している―

 現代の錬金術

　我が国の商業発電用の原発は「軽水炉」というタイプで、核分裂の熱エネルギーを取り出すための「冷却材」として「水」を用いる。簡単に言うと、「水」を熱して蒸気を作り、その蒸気でタービンを回して発電するのである。

　天然ウランの中には、核分裂を起こしやすいウラン235と、起こしにくいウラン238が含まれている。このうち核燃料として利用できるのは、前者のウラン235であるが、天然ウラン全体に占める比率はわずか0.7%であり、資源としては決して潤沢と言えない。

　ウラン235が核分裂を起こすときに発生した中性子がウラン238に吸収されると、プルトニウムという別の核燃料が生成される。ただし、軽水炉でのプルトニウムの生産効率は、それほど高いものではない。プルトニウムの生成には中性子が高速でないといけないが、冷却材の「水」の水素原子に中性子がぶつかると、その速度が低下してしまうためである。

　そこで、プルトニウムを効率的に生産できるように設計された原発が高速増殖炉である。炉心の核分裂によって発生した高速中性子を周囲のウラン238にぶつけて、どんどんプルトニウムを作り出していく。燃料として消費した量を上回るプルトニウムを生成できれば、いくら発電し

ても核燃料が尽きることはない。まさに無限エネルギーというわけだ。ちなみに、高速増殖炉の「増殖」とは、核燃料を使用前よりも増やすという趣旨である。

高速増殖炉では、中性子を高速に保つために、冷却材に金属ナトリウムを使用している。この金属ナトリウムは、熱伝導率が非常に良い、800度以上にならないと蒸発しない（＝高温でも蒸発しにくいので、炉心のメルトダウン（炉心溶融）が起きにくい）、比重が水とほぼ同じで粘性も低いのでポンプで循環できるなどの長所がある。その一方で、金属ナトリウムは非常に反応性が高く、水と接触すると、以下の化学反応が起きる。

$$2Na \; + \; 2H_2O \; \rightarrow \; 2NaOH（水酸化ナトリウム）\; + \; H_2$$
$$2Na \; + \; H_2O \; \rightarrow \; Na_2O（酸化ナトリウム）\; + \; H_2$$

この反応によって生じた水素が、空気中の酸素と結合すると爆発する。そのため、高速増殖炉の開発では、ナトリウムの漏えいをいかに防止するかが最大のネックとなっていた。

✵ 事故の概要

エネルギー自給率がわずか4％という日本では、高速増殖炉の開発を国家プロジェクトと位置付けていた。問題の「もんじゅ」は、高速増殖炉の実用性を確認するための原型炉という段階であった。この「もんじゅ」という名称は、智慧を司る文殊菩薩に因んだもので、科学技術によってエネルギー問題を解決しようとする関係者の意気込みを表していた。

1994年に「もんじゅ」は、臨界（核分裂が連鎖的に続いている状態）を達成した。ところが、1995年12月8日にナトリウム漏えい事故が発生したのである。

「もんじゅ」の基本構造は、核分裂反応のエネルギーで1次系の冷却材（ナトリウム）を熱し、高温の1次冷却材を熱交換器に回して2次系の冷却材（ナトリウム）を熱する。そして高温の2次冷却材を蒸気発生器に回して3次系で水蒸気を作り、発電機のタービンを回すというもの

である。2次系にはA・B・Cの3ループがあり、事故が発生したのは、そのうちのCループであった。

当時の「もんじゅ」は、原子炉の出力を45%まで徐々に上昇させるテストを行っていた。19時47分、中央制御室で「C2次側出口ナトリウム温度高」という警報とともに火災検知器が発報し、その1分後には「C2次主冷却系ナトリウム漏えい」という警報が出た。

直ちに運転員がCループ配管室に駆けつけ、煙が発生していることを確認した。ナトリウム量を示す計器には大きな変化が無かったため、小規模な漏えいと判断し、通常手順に従ってゆっくりと停止する操作を開始した。しかし、20時50分頃、火災報知器が発報している部屋が増えていることに運転員が気付き、21時20分に原子炉を緊急停止した。

事故後の調査により、漏れ出したナトリウムの量は約640kgと判明した。事故の直接原因は、ナトリウムの温度を測定する温度計の鞘が折れ、そこからナトリウムが漏れ出したことである。他の部屋でも火災報知器が発報したのは、漏えい個所の直下に排気ダクトがあり、ナトリウムの反応で生じた熱気が空調によって周囲に拡散されたためである。

この事故に関しては、ニュース番組に流されたビデオの映像を観て、室内に白煙が立ち込め、霜のような粉末がいたるところに積もっている様子に衝撃を受けた読者も多いだろう。しかし、漏れたのは2次系、すなわち核分裂反応の影響を受けていないナトリウムであり、放射能汚染は発生していない。

白煙や粉末の正体は、漏えいしたナトリウムが空気中の酸素と反応して生成されたナトリウム酸化物の微粒子であり、爆発が発生したわけではない。事故の重大性を示す国際原子力事象評価尺度（INES）によると、最も低いレベル1（運転制限範囲からの逸脱）にとどまる。

 設計ミスは許されないのか

問題の温度計は2次系の配管内に突き出す形で設置され、厚さ3ミリのステンレス鋼の鞘で保護されていた。鞘の長さは185ミリ（配管内

であり、途中に段が付いていて、太さが22ミリから10ミリへと細くなっていた。このような設計となったのには理由がある。

配管内のナトリウムの温度を正確に測定するには、できるだけ温度計を長くして、配管の中心に近づける必要がある。さらに、温度計をできるだけ細くしたほうが、温度変化を敏感に把握できる。その一方で、鞘の根本の取り付け部が細いと強度が不足するため、根本は22ミリと太く、途中で10ミリに絞り込む形状としたわけだ。温度測定の面だけを考えれば、理想的な設計と言えなくもない。

ところが、流体の中に物体を差し込むと、その後方に渦が生じる。この渦によって、温度計の鞘には、流れに直交する振動と、流れ方向の振動が発生するが、設計の際に後者の振動が考慮されていなかった。さらに、前述のとおり段差をつけたことで、応力（物体に外部から力が加えられた場合に、それに応じて物体の内部に生ずる抵抗力）がこの段差部分に集中しやすくなってしまった。

その結果、振動による金属疲労が蓄積されて、鞘がぽきりと折れてしまったのである。分かりやすく言えば、設計ミスによって発生した初期不良である。

原子力プラントの設計で広く利用されているアメリカ機械学会（ASME）の設計・建設規格に、流れ方向の振動を考慮した基準が追加されたのは、1991年であった。問題の温度計の設計は1985年、製造を開始したのは1989年であるため、この振動を考慮していなかったのは時系列的にやむを得ない。

これに対して、「本事故が発生した1994年までに、最新の設計基準をチェックすべきだった」という批判があるだろう。しかし現実問題として、「特に注目すべき個所」でない限り、なかなかそこまでやれるものではない。問題の温度計や、流量計、圧力計などの計装品については、当時は汎用品の扱いとされ、科学技術庁でも重視しておらず、安全審査の対象としていなかった。

そもそも原発のような巨大プラントを新規に設計すれば、ミスが起きないわけがない。原型炉でテストするのは、こうした初期不良を炙り出

すためである。「原発に関しては、いかなるミスも許されない」という気持ちは分かるが、理想と現実を混同してはならない。

　ただし、「設計ミスをすべて大目に見ろ」と言いたいわけではない。前述したように、「特に注目すべき個所」については、周到なチェックを繰り返してエラーの剔抉に努めるべきである。「もんじゅ」に関して言えば、ナトリウムと水が接触する（＝水素発生による爆発のリスクが生じる）ことだけは絶対に防がないといけないが、この点については、本事故でも特段の問題は生じなかった。

記者会見は糾弾の場

　事故翌日の12月9日、事業者の動力炉・核燃料開発事業団（現・日本原子力研究開発機構。以下、「動燃」という）は現場の状況をビデオ撮影した。同日19時に1分間のビデオ、11日18時には4分間のビデオをマスコミに公開している。このうち後者について、動燃はビデオのオリジナルと説明したが、実際には短く編集されたもので、オリジナルでないことが後に発覚した。

　虚偽の説明をしたのは、現場責任者が「事故現場の映像が刺激的で、国民の不安を煽ることになる」と判断したためであった。前述したように本事故では放射能汚染は発生していないが、日本国民には原子力に対する強いアレルギーが存在する。そこで、ダクトが高熱で溶け落ちていた映像などを編集で切り取ってしまったのである。

　もともと動燃関係者は、「マスコミは騒ぐばかりで、報道できちんと説明してくれない」という強い不信感を抱いていた。ろくに事情説明もせずに、刺激的な映像だけをテレビで繰り返し流されてはたまらないという考えで、映像を編集してしまったのだ。たしかに筆者自身の経験でも、原子力問題に関するマスコミ報道がいかに扇情的でミスリーディングなものか嘆息したことが少なくない。

　この点については、「もんじゅ」事故についての有識者に対する調査委員会も、「一般社会が情報供給源として依存しているマスコミのある

べき姿と現実とのギャップが多くの有識者によって問題とされた。現在のマスコミには、一般社会の危機感をあおることによって多数の読者を引き付けようという戦略のみが存在し、正しい情報を正しく伝達することによって、社会に前向きな意見を構築しようという高邁な意図が全く見えない感がある」と批判している。

　原子力開発も人間のやることである以上、様々なミスが発生するのは当然である。それにもかかわらず、「いかなるミスも許されない」と糾弾する姿勢が、原子力関係者による隠蔽をむしろ誘発している面があることに、マスコミ側もそろそろ気付いてもらいたい[3]。いたずらに感情的にならずに、原子力開発による便益と対比して、どの程度のリスクまで許容できるかを考えるべきであろう[4]。

　筆者は、原子力開発を推進せよと申し上げるつもりはない。実際のところ、筆者自身も、推進と反対のどちらを選ぶか、いまだに決めかねている状態である。しかし、国家のエネルギー政策という重大事である以上、現実を見据えて冷静に計算しなければならないという点についてだけは、読者にもご共感いただけるのではないだろうか。

運転員の対応状況

　次に、事故発生時の危機管理について検証することとしよう。

　当時、「もんじゅ」の地下2階にある中央制御室では、当直長以下9人の運転員が配置についていた。19時47分に「ナトリウム温度高」とい

---

[3]　「もんじゅ」事故についての有識者に対する調査委員会は、「宇宙開発において、被害金額が非常に大きな失敗であっても、一般社会から容認されることが多いこととは対照的に、原子力ではわずかな欠陥・故障も許容範囲にはなく、その結果として、何かことが起きるとそれを隠すという体質が原子力関係者の中に潜んでいることは否定できない事実である」と指摘している。

[4]　読売新聞科学部の『ドキュメント「もんじゅ」事故』は、「失敗を最小限にして、新規技術を開発するにはどうすればよいか。本当のリスクはどの程度で、そのリスクを減らすためにはどうすればよいのか、どの程度のリスクなら許容されるのかという理性的な議論が行えない社会風土が出来てしまったことは、不幸なことといえる。「失敗を許さない気風」を醸成した責任の一端は報道機関にもあり、センセーショナルなだけの報道や、揚げ足を取るような報道は自制しなければならないと思う」と指摘している。

う警報とともに火災検知器が鳴り響き、その1分後には「ナトリウム漏えい」の警報が発せられた。状況を確認するために、地下1階の配管室に運転員が急行した。

　配管室を覗いてみると、中はモヤがかかったような状態で、ナトリウム酸化物特有の酸味臭が鼻を衝いた。同階のナトリウム漏えい検出器も針が振り切れており、この段階でナトリウム漏れが確実となった。しかし当直長は、原子炉を緊急停止させるのではなく、徐々に出力を落としていく通常の停止操作を19時59分に開始した。

　その後、20時50分の時点で、火災検知器の新たな発報が続出していることに運転員が気付いた。あらためて現場に向かったところ、配管室の扉の隙間から白煙が漏れ出しているのが確認されたため、21時10分に原子炉の緊急停止を実施した。

　ナトリウムの流出を止めるため、配管内のナトリウムを地下4階の貯蔵タンクに移し替えるドレン（排液）作業が開始されたのは22時46分であった。また、本事件では漏えいしたナトリウムが排気ダクトに穴を開けたことで、空調システムを通じて被害が拡大したが、この空調システムが停止したのは23時12分であった。

　以上の対応状況について、どうしてこれほどもたもたしていたのかと読者も首を傾げたことだろう。「原子炉をすぐに緊急停止すべきだった」「状況の悪化をすぐに認識すべきだった」「ドレン作業をすぐに開始すべきだった」「空調システムをすぐに停めるべきだった」などと当時の運転員を批判するのはたやすい。しかし、本当に責められなければいけないのは誰なのだろうか。

 ## すぐに緊急停止しなかったのはなぜか

　「もんじゅ」の異常時運転マニュアルは、「細目」・「フローチャート」・「概要」から構成されていた。マニュアルの本体部分が「細目」、「細目」の対応の流れを図示したものが「フローチャート」、「細目」の要約が「概要」という位置づけである。したがって、「細目」に基づい

て運転員が対応することが基本である。

この「細目」には、「ナトリウムの大規模漏えいが発生したときは直ちに緊急停止せよ」と規定していた。しかし、この場合の『大規模』とは、ナトリウムの液位計に変化が生ずるほどの量を想定していた。

「もんじゅ」には1700トンものナトリウムが充填され、1トン程度は液位計の測定誤差の範囲となる。本事故で漏れたナトリウムは約640kgであり、2次系のナトリウムの液位計には特段の変化が見られなかった。さらに、『大規模』漏えいならば炎や白煙が吹き上がるはずだが、前述のように1回目の現場確認では、配管室内に炎は見られず、モヤがかかる程度であったため、当直長が小規模漏えいと判断したのは間違いではない。

異常時運転マニュアルの「細目」によれば、小規模漏えいの場合には通常の停止操作をするとされていた。高速増殖炉のナトリウムは約500℃に達し、緊急停止を行うと急速な温度変化によるダメージで機器類の耐用年数が短くなってしまうので、小規模な漏えい事件では通常停止を基本としていたのであろう。

つまり、運転員が緊急停止を行わなかったのは、マニュアルどおりの対応である。その一方で、「フローチャート」には、ナトリウム漏えいの警報と火災検知器の発報が連続した場合には緊急停止する旨の記載があったことから、科学技術庁の事故報告書では、運転員が「フローチャート」の記載を理解していなかったとしている。

この科学技術庁の批判は、当時の運転員に責任を押し付けるための牽強付会に等しい。前述のとおり、マニュアルの本体部分は「細目」である。それにしたがって行動した以上、運転員たちには何の落ち度もない。この件の責任を問われるべきは、「細目」と「フローチャート」に齟齬があるマニュアルを作成した動燃関係者や、許認可のチェックの際にそれを見落とした科学技術庁の担当者であろう。

 状況悪化の認識が遅れたのはなぜか

緊急停止の判断が遅くなったのは、火災検知器の発報が続出している

ことに気付くまでに時間がかかったためである。中央制御室では、火災検知器が最初に発報した後に、音響停止スイッチを入れてランプの表示だけにしていたのだ。

1979年の米国のスリーマイル島原発事故では、様々な警報が鳴り響き続けたせいで、運転員が冷静に思考できずに混乱が加速されるという問題（クリスマスツリー現象）が発生した。その反省を受けて、「もんじゅ」では警報音を止めていたと考えられる。

しかし本件では、運転員が停止操作に没入してしまって、火災検知器のランプが次々と点灯していることになかなか気付かなかったのである。非常時には担当者が緊張のあまり視野狭窄に陥りがちであるため、特定の作業に従事せずに全体像の把握を担当する要員を配置しておくことが必要であろう。

もう一つのポイントは、1回目の現場確認の後で監視者を配管室に残していなかったことである。室内の様子を随時観察していれば、白煙が立ちのぼる様子にすぐに気付いたはずだが、異常時運転マニュアルには監視者の配置についての記載がなかった。ただし、これをマニュアルの不備と断ずるのは適当でない。

ナトリウム酸化物の粉が付着すると、表皮の水分と反応して強アルカリ性の水酸化ナトリウムが生成される。つまり、漏えい現場にとどまっていると、目や呼吸器が水酸化ナトリウムに犯されてしまうため、監視者を残置できなかったのである。そもそもの問題として、「もんじゅ」の設計時に、現場の状況を中央制御室からモニターできる監視カメラを設置しなかったことが迂闊であった。

 ドレン作業をすぐに開始しなかったのはなぜか

前述のとおり、ナトリウムを貯蔵タンクに移し替えるドレン作業を開始したのは、事故発生から3時間後であり、それまでナトリウムの漏えいが続いたことになる。もしも事故の初期段階でドレンを開始していれば、漏えい量は3分の1以下であったと試算され、ドレンの遅れが被害

拡大につながったことは明らかである。

　ドレン開始までに時間がかかったのは、小規模漏えいの場合には、ナトリウムが400℃以下に冷えるまでドレンを待つようにマニュアルに規定していたからである。しかし、この件もマニュアルの不備とは言い難い。

　高温のナトリウムをドレンに流すと、急激な温度上昇によって配管や弁、タンクなどに深刻な金属疲労が発生してしまうのだ。事故後の試算によると、高熱のナトリウムをドレンした場合、約10回で配管類の健全性が損なわれてしまう。後述するように、動燃ではナトリウム漏えいに関する基礎研究が不足していたため、小規模漏えいであれば、配管類を傷めるリスクを冒してまで緊急ドレンを実施する必要はないと考えていたのだろう。

空調システムをすぐに停めなかったのは何故か

　前述のとおり、漏えいしたナトリウムが空調システムによって拡散したことが被害を拡大させた。しかも、最終的に空調システムが停止したのは、ドレンでナトリウムが抜き取られたことによる自動停止であって、運転員が操作したわけではない。

　この件も、「細目」と「フローチャート」の齟齬が原因である。「フローチャート」にはドレンと空調停止を並行して実施するとしていたが、「細目」の方ではドレン操作の次の手順として空調停止を規定していた。したがって、運転員はマニュアルどおりに行動しただけであり、批判されるべきは、整合性の取れていないマニュアルを作成したことである。

　さらに言えば、ドレンの後に空調停止を行うという順序は決して不合理ではない。配管の中を高温のナトリウムが流れている以上、ドレンをせずに空調を止めれば配管室内の温度が急上昇し、運転員が中に入れなくなる上に、機器類も損傷してしまう。空調停止を議論する以前の話として、ナトリウムの配管の下にダクトを通したこと、すなわちダメージ

コントロールの視点が欠落した設計こそ問題の本質である。

余談となるが、マニュアル一般に当てはまる問題として、「○○の実施後に、××を実行する」という規定には注意しなければならない。何らかの理由で「○○」が実施できなかった場合に、いつまでも「××」を実行できなくなってしまうからだ。「そんなことは、危機管理の担当者が臨機応変に判断すればよい」と言わないで欲しい。そもそもマニュアルとは、担当者が迷わずに行動できるように（＝判断の遅れや誤りを防止するために）、やるべき事をあらかじめ決めておくものである。マニュアルどおりに行動してはいけない場合が存在するのであれば、そもそもマニュアルとしての意味がない。

戦う前に勝負はついている

危機管理に関しては、現場の担当者が犯したミスをマスコミが厳しく指弾することが通例である。しかし、いくつかの危機管理を実際に経験した者として申し上げれば、緊急時の混乱の中で様々なミスが発生することは避けられない。問題は、そうしたミスをできるだけ減らすために、平時にどのような工夫をしているかということだ。

対策本部の編成、マニュアルの立案、機材の購入、訓練の実施などの準備の出来が、本番の危機管理に大きく影響する。わかりやすく言えば、「戦う前に勝負はついている」のである。これまで申し上げたように「もんじゅ」事故でも、マニュアルの齟齬や設計の不備が被害の拡大に結びついた。

このような問題が生じた背景として、事業者の動燃が、研究機関である日本原子力研究所ではなく、原子燃料公社を母体にして創設されたことが挙げられる。当時の日本原子力研究所では左翼色が強く、労使関係が非常に不安定だったため、高速増殖炉の事業主体として不適当とされたらしい。

そうした出自のために、動燃では基礎研究に対する関心が薄くなり、ナトリウム漏えい時にどのような反応が生起するのかについて実験をろ

くに積んでいなかった。そのため、前述のように異常時運転マニュアル
の記載が粗雑になってしまった上に、運転員に対する研修も、実際にナ
トリウムを用いた教育が義務付けられていないなど、具体性を欠いたも
のになっていた。

「もんじゅ」の前段階に当たる実験炉「常陽」でナトリウム漏れのト
ラブルが発生しなかったことも、今にして思えば不幸なことであった。
技術とは、失敗を繰り返すことで向上していくものだが、「常陽」があ
まりに順調であったため、ナトリウム漏れの経験値をまったく蓄積でき
なかったのである。

「難産の子は健やかに育つ」という。技術だけでなく、会社の事業に
おいても、初期段階で様々なトラブルを経験することは、その後の発展
の肥やしとなるのだ。

教訓

緊急時には、混乱の中で様々なミスが発生するものだ。冷静沈着に対
応するどころか、極度の緊張のため普段よりも思考能力が大きく低下し
てしまうからである。したがって、危機管理で大きな失敗を犯さないよ
うにするには、事前の準備が何よりも重要となる。担当者が迷わず行動
できるようにマニュアルを用意するのは当然だが、内容の詰めが甘いマ
ニュアルを作成すると、かえって問題行動を惹起しかねないことに注意
しなければならない。

参考資料
- 科学技術庁（2006）『動力炉・核燃料開発事業団高速増殖原型炉もんじゅナトリ
  ウム漏えい事故の報告について』
- 「もんじゅ」事故についての有識者に対する調査委員会（1996）『「もんじゅ」再
  生に向けての 10 の提言』
- 読売新聞科学部（1996）『ドキュメント「もんじゅ」事故』ミオシン出版

第2章　企業が生き残るための危機管理

第9講

不正アクセスによる情報流出事件

―リスク管理でも「選択と集中」が必要―

 システムへの不正アクセス

　X社は、大手企業Y社の100%子会社で、Y社やその協力会社が作業現場で使用する業務用車両のリースや販売を主な業務としている。業務用車両は一般的に走行距離が長い上に、故障した場合には業務に支障を及ぼすことから定期的な整備が必要であり、点検整備をX社に任せるリース契約が多くを占めている。X社の年間売上高は45億円、社員は60人余である。

　X社では、業務エリアが広域なので、自社工場で整備するだけでなく、外部にも整備を委託している。その関係で、顧客の連絡先や車種、これまでの整備実績などの情報について委託整備工場とやり取りするため、Webシステム（整備業務システム）を構築していた。こうした顧客情報はX社の基幹システム内のデータベースに収納され、日々更新されているが、セキュリティ上の観点から、この基幹システムは外部と接続していない。そこで、顧客情報をデータベースから毎日コピーして、整備業務システムに入力していた。

　2015年10月23日、Y社のIT部門がグループ会社のWebシステムをチェックしていた際に、X社の整備業務システムの脆弱性を発見した。即時にシステムを停止させて、外部の専門企業に依頼してアクセスログ

などを精査したところ、不正アクセス攻撃を受けていたことが11月11日に判明した。

確認された不正アクセス攻撃は138件、そのうち4件が成功していた。この4件は、2013年から2015年にかけて、海外のそれぞれ異なる国々から行われたものであるが、攻撃者がそれらの国々に所在していたとは限らない。個々人のパソコンが知らず知らずのうちに乗っ取られ、不正アクセスの道具として使われることは珍しくないからだ。このうち2013年9月に行われた攻撃で、顧客情報がダウンロードされたことが確認されている。

不正アクセスのログが消去されている可能性もあるため、どこまでの情報がいつ流出したかを事後的に特定することは難しい。そこで、危機管理の原則である「Prepare for the Worst」(最悪の事態に備えよ)にしたがって、それまで整備業務システムで取り扱っていた顧客情報すべてが流出したと見做すと、最大で約4,400件となる。このうち法人契約が約1,600件、残りが個人契約である。流出した情報の項目は、「車種」「車両番号」「車検満了日」「顧客名」「連絡先」「口座番号」「リース契約情報」などとされる。

「もうすぐ更新時期だから」と油断

NPO日本ネットワークセキュリティ協会の「2013年情報セキュリティインシデントに関する調査報告書　〜個人情報漏えい編〜」によると、2013年に不正アクセスにより発生した情報流出事件は65件で、件数では全体の4.7%にすぎない。ところが、人数では728万人分と全体の78.7%に達している。データベースに対する不正アクセスは、1件当たりの被害規模が極めて大きくなるのである。

不正アクセスの態様としては、ハッキングなどでパスワードを入手して不正にログインする手口や、ソフトの脆弱性を衝く手口が知られているが、X社の場合には、後者への対応が不十分だった。問題の整備業務システムは、市販の基本ソフトの上に作り込んだものであったが、その

基本ソフトに脆弱性が存在していたのである。

　この基本ソフトについては改訂版がリリースされていたが、X社ではバージョンアップをしていなかった。バージョンアップをする場合、システムがちゃんと動くかどうか動作テストをあらためてやり直さないといけない。X社では、2016年に整備業務システムのハードウェアを更新する予定であり、その時には当然にバージョンアップして動作テストを行うことになるので、二度手間を避けようとしたのである。

　実は、こうしたパターンで不祥事が発生するケースは決して少なくない。「近々定期点検を行う予定だから、それまで続行しよう」「今年は予算がないから、修理は来年度にしよう」といった理由で対応を先送りにして、みすみす不祥事を招来してしまうのだ。

　また、IT技術者にも「ピン」から「キリ」まで差があることに注意しないといけない。例えば、ベネッセの情報流出事件で問題となった「書出し制御システム」の脆弱性について、「ピン」の技術者は事件前から認識していたが「キリ」はそうでなく、ベネッセの一件でようやく気が付いたというケースが少なくなかったようだ。

　X社のもう一つの問題点は、情報セキュリティの大原則である「情報の細分化」を怠っていたことだ。「情報の細分化」とは、取り扱う情報の範囲や項目を制限することである。例えば、氏名だけで住所が付いていなかったら、その個人情報の利用価値は著しく低下し、流出時の被害も小さくなることはご理解いただけるだろう。

　本件の整備業務システムは、委託整備工場との間で整備に必要な情報をやり取りするためのものである。顧客に対する料金請求はすべてX社で行うので、「口座番号」「リース契約情報」などの項目は必要ない。また、整備が付かない契約や、すでに終了した契約の顧客情報も、委託整備工場には関係ない。しかしX社では、顧客に関する基本情報全体を整備業務システムにコピーしていたため、これらの情報も流出してしまった。

　データベースから情報を取り出す際に、必要な部分だけを選択してダウンロードするのはそれほど手間がかかることではない。しかし現場で

は、本件のように安易に丸ごとコピーしているケースが意外に多いのではないだろうか。情報流出をそもそも起こさないことが最善であるが、次善の策として、仮に情報流出が発生しても被害を最小に留められるように、情報の細分化がきちんと履行されているかどうか現場の運用をチェックしたほうがよい。

 ## どこまでグループ会社を守れるのか

　X社や親会社のY社の対応は迅速であった。発見翌日の11月12日にはY社社長まで報告が上がり、同日中にY社に対策本部を設置、さらに警察に被害を報告した。翌13日には、経済産業省などの関係機関に報告し、マスコミに向けてプレスリリースを発表するとともに、顧客からの問い合わせに対応するためにフリーダイヤルを設置した。その後、X社からすべての顧客に対し、お詫びと注意喚起の文書を発出している。流出した情報が悪用されたケースも認められず、事件発覚後の危機管理の面では満点に近いと言ってよい。

　ちなみに、X社の法人顧客の多くはY社の協力会社や取引先であり、個人の被害者もY社グループの関係者が少なくなかった。そのようなつながりのために非難の声も上がりにくく、プレスリリース以降の問い合わせも100件に満たなかったとされる。

　その点ではX社のケースは例外的と言うべきであって、一般の情報流出事件では、とてもそうはいかない。企業側が予防対策を練るのは当然のことだが、その一方で「どこまでグループ会社を守れるのか」が問題となる。

　大手企業となれば、数十のグループ会社を抱えているのが普通である。その中には、X社のように社員数100人以下の企業も少なくないはずだ。こうした「中小企業」が個々に努力しても、十分なリスク管理体制を整えることは規模的に難しく、IT要員を確保することさえ覚束ないだろう。

　そうなると親会社によるカバーがどうしても必要とされるが、各社が

独自開発した様々なシステムを監視するのは非常に手間がかかる。だからといって、グループ会社の多様な業務システムを親会社のシステムに取り込もうとすれば、やたらに複雑になってトラブルが続出しかねない。また、監視体制が緩いグループ会社に、グループ全体に接続できる端末を置くこと自体も大きなリスクになる。それではいったいどうすればよいだろうか。

すべてのグループ会社のIT管理レベルを親会社並みに引き上げるのは無理である以上、「選択と集中」がカギとなる。そして「選択と集中」とは、「重要度が低いものを捨てる」とイコールである。グループ会社を高度なIT管理を実施するものとそれ以外に分け、前者には親会社による日常的な監視を実施し、後者については定期検査のレベルにとどめるべきだろう。これは、IT関係だけでなく不祥事全般のリスク管理についてもあてはまる。

グループ会社における不祥事が大きく報道されれば、グループ全体のイメージを失墜させかねない。企業グループのリスク管理という「チェーン」において、弱小のグループ会社が「脆いリング」となりつつある。この機会にグループ会社のリスク管理の実情を点検してみることをお奨めしたい[5]。

教訓

リスク管理の予算や人員に限界がある以上、すべてのリスクに対して全方位的に守りを固めることはできず、優先度に応じてメリハリを付ける必要がある。言い換えると、優先度の低いリスクや部署については、守りが弱い状況を甘受しなければいけない。それが不安であれば、そもそも業務範囲を安易に広げないことだ。日本の大企業は多数のグループ

---

[5] 某大手企業では、弱小のグループ会社では十分なリスク管理対策を取れないと見切った上で、不祥事が発生した際の被害を局限化するために、そのような会社の社名にはグループの冠名を使わせないようにしている（＝報道記事を一見してもグループ会社だと分からないようにする）とのことである。

企業を抱えているが、リスク管理体制を満足に構築できないような弱小企業をグループ内に維持する意味があるのか問い直すべきだろう。

第10講
どうして危険なナイロンザイルが放置されたのか

―権威に追従して思考停止に陥るな―

 簡単に切れてしまうザイル

　1955年1月2日、北アルプス前穂高岳を登攀中の登山クラブ「三重県岩稜会」のパーティで事故が発生した。若山五朗氏が50cmほど滑落したところ、頭上の岩に掛けていたザイル（登山用のロープ）が何の衝撃もなく切れ、若山氏が墜落死したのである。

　このザイルは径8mmのナイロン製で、発売が開始されたばかりの新製品であった。従来のマニラ麻製のザイルは、柔軟性に難があって嵩張る上に、冬場には凍結してしまうという欠点があった。それに対してナイロンザイルは柔らかくて取扱いが容易な上に、引張り強度も麻ザイルより優れていた。8mmのナイロンザイルでも1,030kgもの重量に耐え、登山用として当時一般的だった径12mmの麻ザイルに匹敵した。

　それほどの強度を持つザイルが、わずか50cmの滑落で切れるとは不可解である。調べていくと、本事故の5日前にも明神岳で同じ態様のナイロンザイル切断事故が発生し、1人が重傷を負ったとの情報が入った。そこで、岩稜会会長で若山氏の実兄でもあった石岡繁雄氏が現場の状況を再現して落下実験を繰り返したところ、鋭い岩角ではナイロンザイルが簡単に切れてしまう事実が判明したのである。

　このような現象は従来の麻ザイルでは発生せず、ナイロンザイルの特

性というべきものであった。柔らかいナイロンザイルは縦方向に伸び、岩角上をすべっていくときにザイルの表面が摩耗することで衝撃を吸収する。しかし、鋭い岩角に引っかかってしまうと、それより上側ではザイルは伸びず、表面の摩耗も発生しないため、落下の衝撃により岩角が一気に食い込み、楔（くさび）効果でザイルが断裂してしまうのである。

　高山の岩壁では、風化によって岩角が刃物のように鋭くなっている。1トンの重量に耐えられるナイロンザイルが、そうした場所だと簡単に切れてしまうというのは、麻ザイルに慣れていた当時の登山者には想像もつかない話だった。このリスクを登山者が知らないでいるのは危険この上ない。

　そこで岩稜会では、ナイロンザイルの欠点に関する報告書を作成し、1955年3月に登山関係の雑誌に寄稿した。さらに、ザイルの製造元のT製綱（当時は国内唯一の登山用ザイルメーカー）に対し、登山者に注意喚起する説明書を付けるように申し入れた。すると、日本山岳会の関西支部に「ナイロンザイル切断事故検討会」が設置され、会長兼関西支部長のS大阪大学工学部教授が、ザイルの安全性を検証するために公開実験を行うと発表した。

✸ 偽りの公開実験

　1955年4月29日、山岳関係者や新聞記者の見守る中で行われた公開実験は意外な結果となった。何度実験を繰り返しても、ナイロンザイルは切れなかったのである。

　実は、S教授が実験のために用意した岩石は、角にわずかな丸みを付けてあった。前述したとおり、ナイロンザイルが切断されるのは岩角に引っかかったときである。角を削って丸みを付けていれば、その上をザイルがすべっていくので切れることはない。よほど目を凝らさなければ見えない程度の細工なので、見学者が気付かなかったのは無理もなかった。

113

第2章　企業が生き残るための危機管理

　さらに、T製綱にナイロン原糸を供給していた東洋レーヨン社の関係者が、驚くべき告白をした。公開実験以前に彼らがS教授と別途実験を行ったところ、石岡氏たちの報告のとおり簡単に切れてしまうことが確認されたというのである。つまり、S教授はナイロンザイルの危険性を認識していたにもかかわらず、岩角に細工をして隠蔽したと考えられる。

　ちなみに、S教授が1956年に発表した学術論文「登山用ナイロンロープの力学的性能」には、「もしもエッジが刃物のように鋭ければ、ナイロンロープは極端に小さな負荷で切れるであろう」と記述されている。S教授としては、「危険性については論文で説明したのだから、研究者としての責任は果たした」と弁解するつもりかもしれないが、わざわざ学術論文を読み込む登山者などいるはずがない。

　S教授の対応ぶりは、研究者として不誠実と批判せざるを得ないが、その背景にはT製綱との特殊な関係が存在した。前述した論文の共著者のK氏はS教授の教え子だが、当時はT製綱の販売子会社の幹部だった。公開実験が行われた場所はT製綱の工場で、実験に要したコスト約100万円（1955年当時の100万円の価値は現代よりはるかに重い）もT製綱が負担した。さらに、公開実験終了後にT製綱はS教授を招き、慰労の宴会を開いている。要するに、T製綱と親密であったS教授は、ナイロンザイルの販売を続けたいというT製綱の意向に阿（おもね）って実験を偽装したのである。

　ただし、こうした欺瞞性が明らかになったのは後日のことだ。実験直後には、マスコミは挙（こぞ）ってナイロンザイルの安全性を強調する報道を流した。一部の山岳関係者は、「ザイルの取扱いの無知により事故を起こしたのに、その責任をザイルメーカーに擦り付けようとした」と石岡氏たちに批判を浴びせた。

　さらにS教授は、日本山岳会が登山者向けのガイドブックとして発行した『1956年版山日記』の「登攀用具」の章に、「（人が落下する衝撃にも）ナイロンでは13メートルまではもつ」「岩角が相当鋭くてもザイルが長さの方向に辷（すべ）ってくれさえすれば安全」と執筆した。岩

114

角に引っかかるとザイルが切断されるおそれがあることを明示しておらず、非常にミスリーディングな文章であった。

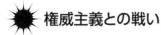 権威主義との戦い

　このままでは一般の登山者を危険に曝すことになると考えた石岡氏と三重県岩稜会は、再現実験を行ってS教授の公開実験の虚構性を証明するとともに、ナイロンザイルの危険性を啓発する冊子を発行した。1958年には3回にわたって公開質問状を発したが、もちろんS教授はまともに反論できなかった。

　かくして完全に論破した以上、もはや論争を続ける意味もないと判断した石岡氏たちは、後は関係者の自主的対応に期待するとして、1959年8月に論争を打ち切った。しかし、こうした紳士的配慮が通じる相手ではなかった。S教授は『1956年版山日記』の訂正を拒否し、T製綱では、切断の危険性について何の注意書きも付けずにザイルの販売を続けたのである。

　内部監査担当者としての筆者の実務経験から申し上げると、問題点を指摘された相手は、様々な理由を持ち出して自らを正当化しようとするものだ。そうした言い訳を一つ一つ論駁していくと、次第に相手は黙り込むようになる。しかし、「もうこれで反省しただろう」と矛を収めてはいけない。そのような妥協をすると、相手は「上手く言い逃れできた」と受け止めてしまい、問題行為をそれからも繰り返すものだ。

　関係者の不作為により死亡事故が続いていることを知って、石岡氏たちが追及を再開したのは1971年のことだった。彼らの見解が全国紙に相次いで掲載されたことで山岳関係者もようやく認識を改め、1972年11月には日本山岳協会（日本山岳会とは別組織）の理事会が石岡氏たちへの支持を表明するに至った。

　1973年制定の消費生活安全法ではザイルも規制対象となり、「ザイルの弱点を表示すること」が義務付けられた。これを受けてT製綱では、「（ナイロンザイル）1本で岩登りの確保用として用いることは、強さが

第2章　企業が生き残るための危機管理

不足していますから危険です。岩への直掛けは絶対にしないで下さい。非常に危険です」との注意書きを製品に添付した。Ｓ教授は『1956年版山日記』の訂正に応じなかったが、1976年11月に出版元の日本山岳会が遺憾の意を表明した。

　それにしても、とにかく時間がかかりすぎたと言わざるを得ない。ナイロンザイルの切断事故による死者は少なくとも13人、ナイロンと推定されるケースも含めると約20人が犠牲になったと考えられている。

　石岡氏たちの見解は非常に明快であったにもかかわらず、これほどの犠牲者が生じるまで理解が広がらなかったのは何故だろうか。そのポイントは「権威主義」である。

　「日本山岳会関西支部長」かつ「大阪大学工学部教授」のＳ教授や、公開実験結果を報じたマスコミを「権威」と崇めて無批判に受け入れ、石岡氏たちに耳を貸そうとしない人々が少なくなかったのだ。日本人はとかく「権威」に弱いところがあるので、権威主義のリスクについて常に自戒すべきであろう。

教訓

　「権威者」を相手にすると気後れして、その意見を有難く拝聴してしまいがちだが、本当に重要なのは話の中身である。「誰」の意見によって態度をコロコロ変えることがあってはならない。言い換えれば、自分自身で思考することを放棄し、「権威に追従していれば何とかなるさ」とする無責任さこそ権威主義の正体なのである。

参考資料
- 石岡繁雄・相田武男（2009）『石岡繁雄が語る　氷壁・ナイロンザイル事件の真実』あるむ社

第11講
ヒトラーの資源戦略と レアアース問題

―BCPの基本は自らの脆弱性を分析すること―

 中立国ノルウェーに侵攻したドイツ

　第二次世界大戦には、あまり目立たない局地戦がいくつかある。その中でも、1940年のノルウェー戦、そして1941年のバルカン戦については、その名称しか知らない読者が大半であろう。今回は、この2つの戦いを題材として、ヒトラーの資源戦略について解説することにしよう。

　1939年9月にドイツのポーランド侵攻により第二次世界大戦が勃発すると、ノルウェーは中立の姿勢を取った。参戦国の独・仏・英とは北海を隔てているため、中立を宣言すれば戦争に巻き込まれずにすむという判断であった。かつて第一次世界大戦の際にも、ノルウェーは同様に中立を保持して戦火を免れていた。

　ところがドイツは、1940年4月9日にノルウェーに艦隊を差し向け、首都オスロをはじめ各地の港湾に上陸作戦を敢行したのである。これに対してイギリスも艦隊や地上部隊を派遣してノルウェー軍を支援したが、ドイツ軍が先手を取って制空権を確保したことで、イギリス側は次第に追い込まれていった。5月10日には、ドイツ軍が機甲部隊を先頭にフランスに雪崩れ込んだことにより、イギリス軍はノルウェーからの撤退を余儀なくされた。

　このノルウェー戦では、ドイツ側の損害も少なくなかった。特にドイ

ツ海軍は、重巡洋艦1隻、軽巡洋艦1隻、駆逐艦10隻を撃沈された上に、多くの艦艇が損傷を受けた。もともと英海軍と比べて非常に弱体だったドイツ海軍にとって、この痛手は極めて大きく、以後は水上部隊（潜水艦以外の艦船）の活動が極めて低調となった。また、結果的には支障が生じなかったとはいえ、フランス戦に先立って、12万人もの陸軍兵力と1,000機を超える航空機をノルウェー戦に投入したことは、「戦力集中の原則」から明らかに外れている。

それでは、どうしてヒトラーは中立国ノルウェーを攻撃したのだろうか。

ドイツの狙いは鉄鉱石

兵器の主要素材が鋼鉄であることは言うまでもない。ところが鋼鉄は、わずかでもリンや硫黄が含まれていると脆くなるという性質がある。そのため、高性能の兵器を製造するには、できるかぎり品位の高い鉄鉱石が必要となる。その優良鉄鉱石の産地がスウェーデンのキルナ鉱山であった。

ドイツが戦争を続けるには、キルナ鉱山の鉄鉱石を輸入しなければいけないが、そこで問題となったのが輸送経路である。キルナ鉱山はスウェーデン北部に位置しているが、冬場にはバルト海が氷結してしまう。そこで、鉄鉱石を鉄道でノルウェー側に輸送し、不凍港のナルヴィクから船積みしてドイツに輸送していたのだ。

つまりドイツは、鉄鉱石の輸入ルートを確保するためにノルウェーを攻撃したのである。ノルウェー戦と同時にドイツはやはり中立国のデンマークも占領したが、これはノルウェーを攻める上での「連絡通路」を確保することが目的だった。

読者は、「鉄鉱石のために中立国を攻めるなんてひどい」と感じたかもしれないが、これが戦争の現実である。実は、ドイツと敵対していたイギリスも、ノルウェー占領計画を練っていた。ドイツのほうが先んじたというだけである。

第11講　ヒトラーの資源戦略とレアアース問題

　ちなみに、このノルウェー占領によって、スウェーデンとフィンランドは連合国側との交通路を断たれ、ドイツの侵攻を免れるためにドイツ寄りの政策を取らざるを得なくなった。スウェーデンが鉄鉱石の産地であることは前述したが、フィンランドはドイツに何を提供したのだろうか。

　優良な鉄鉱石を手に入れても、それだけでは兵器製造に十分ではない。様々な金属材料を添加して合金鋼にする必要がある。その添加材料として最もポピュラーな金属が、ニッケル、クロム、マンガンである。フィンランド北東部のペッツァモには、大規模なニッケル鉱山が存在したのだ。さらにフィンランドは、1941年に独ソ戦が開始されると、ドイツ側に立って参戦した[6]。

　バルカン戦の狙いは石油とクロム

　次にバルカン戦について説明しよう。第一次世界大戦の発火点となった「バルカンの火薬庫」は、その後も不安定な状態が続いていた。地中海地域の覇者を目指す枢軸国イタリアは、1939年にアルバニアを傀儡国とすると、翌年10月にギリシアへの侵攻を開始した。しかし、練度の低いイタリア軍は手痛い反撃を受け、戦局は手詰まりの状態に陥った。

　当時のバルカン半島では、フランス戦にドイツが快勝したことを受けて、ユーゴスラビア、ルーマニア、ブルガリアが枢軸国側に参加していた。ドイツがブルガリアに兵器を供与してギリシアへの圧迫を強めると、イギリスは、1941年3月2日に応援部隊をギリシアに派遣して対抗した。

　緊張が高まる中、3月27日にユーゴスラビアでクーデターが発生し、親独政権が打倒された。そこでドイツは、4月6日にバルカン戦を開始

---

[6] ドイツの敗色が濃厚となった1944年9月にフィンランドは連合国側に寝返った。その際にドイツは、兵器製造に不可欠のニッケル鉱山を手放そうとせず、かつての盟友と激しく戦っている（ロヴァニエミの戦い）。

第2章　企業が生き残るための危機管理

した。4月17日にユーゴスラビアは降伏し、ギリシアも首都アテネが同27日に陥落した。イギリス軍はいったんクレタ島に撤退したが、ドイツは空挺部隊を降下させて同島を占領し、バルカン半島と地中海東部の覇権を確立したのである。

このバルカン戦を急遽実施したために、ドイツは、5月15日に予定していた対ソ戦の開始を6月22日に延期せざるを得なかった。その結果として、ロシアの大地に厳しい冬が到来する前の作戦可能期間が1ヶ月減ってしまったことが、モスクワ攻略に失敗した遠因とされている。しかし、資源の争奪という観点からは違った側面が見えてくる。

当時のイギリスは、ダンケルク撤退の痛手からようやく立ち直り、ドイツに対する反撃の準備を進めていた。その構想の一つが、ユーゴスラビア・ギリシア・トルコの3国を支援して、バルカン半島に対独共同戦線を構築することだった。前述したギリシアへの応援派遣も、その一環と位置付けられていた。もしもドイツがこうした動きを放置し、イギリス主導で共同戦線が立ち上げられていたらどうなっただろうか。

ドイツ支配下の欧州における最大の油田は、ルーマニア中央部に位置するプロエシュチであった。いわば「生命線」に等しい同油田が破壊されれば、ドイツの軍事力は崩壊する。イギリス軍がバルカン半島内に航空部隊を駐留させるようになれば、既存の双発爆撃機（エンジン2基の中型機）でも、同油田に対する空襲が可能だった。

バルカン戦には、単にバルカン半島の制圧というだけでなく、プロエシュチ油田の防衛という目的も存在していたのである。エジプトまで後退を余儀なくされた連合軍が、航続距離の長い四発爆撃機を新たに配備し、プロエシュチ油田への本格的空爆を開始するには、1943年8月まで待たなければならなかった。

さらに、バルカン半島の戦略的意義は石油だけではなかった。前述したニッケルと並んで、高品質合金鋼の製造に広く利用されるレアメタルがクロムである。ドイツは、中立国のトルコから大量のクロム鉱を輸入していた。このクロムの供給を途絶させないためには、バルカン半島を制圧して、トルコが連合軍側に与しないように『睨みを利かせる』必要

120

があったというわけだ。

　ちなみに、前述のとおり1ヶ月遅れで独ソ戦を開始してからも、ドイツ軍は、政治経済の中心であるモスクワに戦力を集中しようとせず、南側のウクライナ地方での占領地拡大に熱心であった。この件もやはり資源確保に関係している。合金鋼に欠かせない3種の金属材料の残りの一つ、マンガンの鉱山がウクライナ東南部のニコポリに存在したのである。

　以上のように、ヒトラーによる戦争指導は、敵軍の撃滅という作戦上の要請よりも、戦争資源の確保という視点に基づいていた。こうした彼の戦略には批判も多いが、ドイツが世界を敵に回してあれだけの消耗戦を続けることができたのは、戦争資源を確保していたからである。

資源戦略に失敗した日本

　戦争資源の確保という点で反面教師となるのが日本である。驚いたことに、太平洋戦争が始まってからも日本の兵器生産高はほとんど伸びていない。日本や中国で産出する鉄鉱石にはリンや硫黄の含有量が多かった上に、添加するレアメタルの調達が上手くいかず、合金鋼の生産が伸び悩んだことが原因である。

　終戦直後に米国の戦略爆撃調査団が爆撃効果を検証するための調査活動を実施し、それに参加した経済学者J. B. コーヘンが『戦時戦後の日本経済』（岩波書店，1950年）を執筆している。その中の金属資源不足に関する部分を以下に引用する（〈　〉内は筆者注）。

　「（金属資源の）欠乏がますます甚だしくなった結果、特殊鋼のアロイ〈合金〉含有率を引下げる他なくなり、その中でも特に著しいものには効果の少い代用資源が使用された。正式に16％ものコバルトを含む高速度鋼〈ドリルなどの金属加工用工具の材料となる合金鋼〉の生産を続けることは不可能となった。1943年にはニッケル・クローム不錆鋼〈ステンレス鋼〉の生産もニッケルなしに行わねばならなくなり、後にはクローム含有量さえ13％に落とす他ない状況に立至った。

普通モリブデンを含む構造鋼〈機械・建築物・船舶などの材料となる高強度の鋼〉もモリブデンが欠乏してその代用になるものもなかったので、それなしに製造された。銃身、装甲板、魚雷発射管等のニッケル含有量も急激に低下した。造船は鋼板の粗悪なため支障を来した。——それは加熱せずに曲げようとすればクラックができ、電気溶接もうまくできなかった。

　合金鋼の量並びに質の低下はとくに航空機工業にとって大きな打撃であった。なかんずく航空機生産にとって危機的な問題となったのは、発動機、着陸ギヤー、モーターマウント、ターミナルフィティング等のための超抗張合金鋼〈高張力鋼〉の欠乏であった。1944年の春以降に航空発動機の生産が減ったのは合金鋼の欠乏が原因であった」（上巻183-184頁）。

　かくして合金鋼が欠乏したことにより、重砲の製造が打ち切られ、せっかく製造した航空機も、エンジンの品質不良のため稼働率が極端に低下することとなった。米軍の反攻が本格化したのは1944年6月のマリアナ沖海戦からであったが、それよりも以前に日本の兵器産業は限界に達していたのである。各種兵器の生産数が1944年にピークを迎えたドイツと比較すると、日本の資源戦略の失敗は明白であった。

 中国によるレアアース輸出規制

　残念ながら、源義経のような戦術家が持て囃される日本では、資源確保のような戦略的視点が乏しくなりがちである。資源不足により太平洋戦争に敗北し、さらに二度にわたる石油危機に苦しめられたにもかかわらず、依然として資源確保に能天気な経営者が少なくないのは驚くべきことだ。最近でも、2010年の中国によるレアアース輸出規制の際の狼狽ぶりにそれがよく現れている。

　レアメタルの中でも特に産出量が少ないレアアース（希土類）は、先端技術分野では無くてはならない素材で「ハイテク工業製品のビタミン」と呼ばれるが、その鉱山は中国、南アフリカ、ロシアなどに偏在し

ている。その中でも中国の産出量が多く、2010年における日本の輸入量の82%が中国からであった。

そうした日本のアキレス腱を狙った中国政府が、尖閣諸島中国漁船衝突事件の報復として、レアアースの輸出規制を実施したのである。レアアースの供給不安に直面した日本企業が右往左往したことは記憶に新しい。

しかしこの問題は、最終的に日本側の完勝という形で決着した。日本企業がレアアースの使用量を大幅に減らす技術の開発に成功したのである。2012年には、中国産レアアースへの依存度は49%に低下した上に、絶対量でも2010年の四分の一にまで減少し、中国側のレアアース事業者が逆に悲鳴を上げることになった。ただし、こうした素材技術のブレイクスルーは、一朝一夕に達成できるほど甘いものではない。

実は、筆者はかねてからレアアース問題に注目しており、2009年に某製鉄企業の工場を見学した際に、親しくなった技術者に根掘り葉掘り質問したことがある。その時の回答は、「レアアースの使用量を減らすため、冶金技術の基礎研究を黙々と進めていますよ。あと数年でモノになるのではないでしょうか」であった。

要するに、レアアース輸出規制を乗り切ったのは、経営者の戦略的判断ではなく、現場の技術者の地道な研究の蓄積だったというわけだ。しかし、経営者たるものが現場におんぶに抱っこでは話にならない。また、戦略レベルの失敗を現場がいつもカバーできるという保証もない。経営者諸氏には戦史をお読みになるのが好きな方が多いようだが、その際には、切った張ったの戦術だけでなく、その根底にある戦略的視点まで是非とも読み解いていただきたいものだ。

教訓

企業は一つの生き物のようなものであり、人材、資本、原材料、部品など様々な資源を外部から取り入れることで生存している。最近話題となることが多いBCP（事業継続計画）については、地震や津波など災

第2章　企業が生き残るための危機管理

害対応をイメージすることが多いが、その本質はいかに資源を確保して
サプライチェーンを維持するかという問題であり、決して災害時に限定
すべきものではない。企業が自らの脆弱性について分析し、それを減ら
すために長期的にどのような対策を取るかということも BCP の一環と
理解すべきである。

参考資料
- J. B. コーヘン（大内兵衛訳）『戦時戦後の日本経済』岩波書店
- W. S. チャーチル著（佐藤亮一訳）『第二次世界大戦 1・2』河出書房新社
- 藤井非三四著　『「レアメタル」の太平洋戦争』学研パブリッシング

第3章

あなたの組織は大丈夫か

第12講
不正会計事件を生み出す職場
―危ない職場を見つけるためのチェックポイント―

 塵も積もれば

　筆者が組織不祥事の研究を始めてずいぶん経つが、とにかく不祥事というものは情報収集が難しく、事例分析を年に数件手がけるのがやっとの状態が続いている。それでも最近では、「塵も積もれば山となる」ということで、事例分析を蓄積してきた手ごたえを感じるようになった。具体的に言うと、「この原因メカニズムは、あの事件とそっくりだ」と気付くケースが増えたのである。

　組織不祥事研究が経営学の一領域である以上、個別の事例分析から得られた知見を一般化して、経営の実践に役立てていかなければならない。様々な事例に共通する原因メカニズムを見つけて類型化する作業が軌道に乗り始めたのは、まことに嬉しいことである。その一例として、不正会計事件が発生しやすい職場のチェックポイントを紹介しよう。

ポイント1．傍流事業の位置付けであること

　不正会計事件は、企業の主流部門ではなく、傍流と位置づけられる部署で発生することが多い。傍流事業であるために経営者の関心が不足し、監督も疎かになるためである。そもそも傍流事業については、役員が専任でなく、他の重要業務との兼務、要するに片手間で担当している

ケースが珍しくない。

例えば、2010年に発覚したメルシャン事件で循環取引の舞台となった水産飼料事業は、本業の酒類事業で発生する残渣の廃物利用からスタートしたもので、売上は会社全体の約15%であった。また、ジーエスユアサの循環取引事件では、主力の電池事業とは縁の薄い照明事業をビジネスとする子会社で不正が行われており、同社の売上はグループ全体の約6%にすぎなかった。

ポイント2. 事業が特殊であること

生え抜きの経営者でも、社内のあらゆるビジネスに精通しているわけではなく、特殊な業務を扱う部署に関してはどうしても知識不足となる。そして、知識が浅い分野に対しては誰しも口出しを控えがちとなるため、監督の不足に結びつきやすい。

ちなみに、前述した傍流事業は、業務の性質面でも特殊というケースが多い。ほとんどの経営者は、主流事業＝社内のエリートコースを歩んできた（そうでなければ出世競争を勝ち残れない）ために、よく分からない傍流事業には及び腰になってしまうのである。

例えば、メルシャン事件では、問題の水産飼料事業は、災害や価格の乱高下などのリスクが高い上に商習慣も独特で、主力の酒類事業とは明らかに異質なビジネスであった。さらに、同事業部とその工場は熊本県に所在し、取引先も九州・四国地方が中心であるため、東京の本社からでは実態の把握が困難であった。

ポイント3. 人事が長期配置となっていること

筆者がこれまで研究した不正会計事件では、担当者が長期配置されていたケースが少なくない。こうした長期配置は、会計不正だけでなく、第3講で説明した東洋ゴムの性能偽装事件のように、様々なパターンの不祥事を生み出す「温床」である。長期配置により担当者が当該業務のノウハウを事実上独占した状態となるので、上司は担当者に任せきりとなり、チェック機能を喪失してしまうからだ。

この長期配置のリスクはよく知られているが、それでも現実に長期配置が続けられてしまうのは、前述した業務の特殊性が関係していることが多い。「特殊な仕事なので、余人をもって替えがたい」という理屈で、人事ローテーションの例外措置が安易に許容されてしまうのである。

例えば、ジーエスユアサ事件の場合には、20年以上にわたって担当者を同一営業所に配置していたことが循環取引の発覚を遅らせた。また、メルシャン事件では、関係者の異動が水産飼料事業部内に限られるなど人事が閉鎖的であったことに加えて、大学時代の先輩後輩などの濃密な人間関係が事業部内に形成されていたことが、内部統制環境を劣化させた。

ポイント4. 担当者が有能であること

循環取引を行うためには、不正に協力してくれる取引相手を見つけなければならない。長期にわたって不正を続けるには、他の社員を巻き込むことも必要となる。さらに、不正取引の金額が膨れ上がるにつれて、その隠蔽に要する作業量も急増する。

こうした裏工作を正確に続けられるのは、有能な社員だけである。そもそも能力の低い者は、すぐにボロを出してしまうので、大規模な不正会計事件など出来はしない。

例えば、1995年に発覚した大和銀行ニューヨーク支店の巨額損失事件では、支店内で第一人者と高く評価され、嘱託社員としては異例の昇進を遂げていた人物が犯人だった。また、ジーエスユアサ事件の場合には、かつて社長賞を受賞した経歴を持つやり手の営業マンが、関係企業に細かく指示を出し、見積書・注文書・請求書等の証憑を整えるなど巧妙な偽装工作を行っていた。

ちなみに、循環取引には取引の実体が存在しないので、会計的には利益を計上していても、それをキャッシュに替えることが出来ない。そのため、在庫が膨張する、売掛金や受取手形などの与信額が限度を超過するなどの不審点が必ず浮上してくる。それにもかかわらず、社内での追

及が遅れるのは、担当者が有能で信頼されているからだ。「○○君のことだから大丈夫」とあっさり見逃されてしまうのである。

ポイント5. 内部牽制に不備があること

　各種の業務権限が特定人に集中していると、社内の牽制機能が働かないので不正がやりやすくなる。この程度のことは、内部統制システムを設計する上で初歩の初歩であるが、それが意外に出来ていないようだ。前述した業務の特殊性の影響や、担当者が有能であることから、「彼に一切合切を任せておいたほうがスムーズに話が運ぶ」と利便性を重視してしまうのである。

　例えば、2007年に発覚した加ト吉の循環取引事件の場合、問題の水産管理部では、仕入業務と販売業務の両方を所管していた上に、手続き処理者と決裁権限者が同一であったために、実質的に牽制機能が存在しなかった。また、大和銀行事件では、問題の社員がカストディ（証券保管）業務とディーリング（証券取引）業務の両方を担当していたため、ディーリングでの損失を預かり証券の不正売買で埋め合わせることが容易だった。

ポイント6. 事業譲渡に関して不安が広がっていること

　循環取引事件は、当該部署の業績を実態よりも良く見せかける目的で行われることが多い。言い換えると、業績を上げなければならないという強いプレッシャーを担当者が感じていたことになる。そのプレッシャーの背景として注目されるのが、事業譲渡に関する不安である。

　例えば、メルシャン事件の場合には、同社がキリン社の傘下に入ったことを受けて、問題の水産飼料事業を主要取引先に譲渡することを検討していた。この事業譲渡を円滑に進めるために、循環取引による業績の偽装が行われたのである。また、ジーエスユアサ事件では、事業譲渡を回避しようとした子会社の経営者が、担当者に対して売上の確保を強く働きかけていた。

129

第3章　あなたの組織は大丈夫か

　さて、貴方の企業では、以上の6件のチェックポイントのうちで、複数が当てはまる部署が存在するだろうか。もしそうだとしたら、組織不祥事防止の観点から監視を強化することをお奨めする。

　さらに言うと、規模や収益などの面で特段の意義が見込めないような傍流事業であれば、いつまでも抱え込んでおくべきではない。事業譲渡による切り離しをさっさと進めるべきだろう。また、事業拡大のためM&Aを検討しているのであれば、合併後の業務監督や人事異動の融通性も考慮に入れたほうがよい。メタボになって健康を害するのは、人間だけではないのである。

教 訓

　筆者の亡父が教えてくれた金言の一つが、「上司は、自分よりも有能な部下を管理できない」である。この金言は、個人レベルだけでなく、組織にも当てはまる。業務内容が異質なため、ろくに監督することができない事業であっても、売上面では貢献しているのだからといつまでも抱え込んでいるような経営者は、リスク管理の何たるかが分かっていないのである。

第13講
どうして無駄な会議が無くならないのか

―制度を形だけ導入してもダメな組織には根付かない―

 労働生産性が低い日本

　日本人が勤勉な国民性であることは、自他ともに認めるところだ。それにもかかわらず、日本の労働生産性は決して高くはない。

　公益財団法人日本生産性本部が発表した「日本の生産性の動向 2015年版」によると、日本の就業1時間当たりの労働生産性は4,349円（41.3ドル）である。この数字はOECD加盟34ヶ国の中で21位にすぎない。主要先進国7ヶ国の中でも最下位である。米国の66.3ドル、ドイツの63.4ドルと比較すると、大きく水を開けられていることがご理解いただけるだろう。

　日本の生産性が低いのは、なによりも時間の使い方に問題があるからだ。製造業を除くと、そもそも日本の管理者は効率性にあまり配慮していない。結果を出すことよりも、そのプロセスにおける「姿勢」を重視する。いきおい部下は、上司から「彼奴はよく頑張っているな」と評価してもらおうとして、残業に励むようになる。「夜11時にならないと仕事が終わらない」のではなく、「夜11時まで居残るために仕事をダラダラやっている」というわけだ。

　ダラダラ残業と並んで生産性を蝕んでいるのが無駄な会議である。とにかく様々な会議が開かれているので、勤務時間の4分の1くらいを会

議出席に費やしている方が多いのではないだろうか。しかし、出席時間に見合うだけの中身がある会議はほとんどない。会議とは「会って議論する」ことであるが、大抵の場合は、一方的に書類を読み上げるだけで「議論」になっていない。むしろ議論になることを避けているようにさえ見える。出席者は欠伸を噛み殺すのに必死で、中には悠然と舟を漕ぐ猛者もいる。

無駄な会議が開かれる理由

それでは、どうしてこのように無駄な会議が開かれるのだろうか。その主な背景として、「ヒマつぶし」「責任回避」「コスト感覚の無さ」の3件が挙げられる。

「ヒマつぶし」とはいささか刺激的な表現だが、そういうケースは決して少なくない。おそらく読者の皆さんも、出来の悪い管理職ほど会議が好きなことに気付いているだろう。彼らは新しい仕事に取り組む意欲が無く、ルーティーンに逃げているが、それだけでは勤務時間が余ってしまう。会議に出席していれば、ちょうど良い「ヒマつぶし」となり、本人も大層な仕事をしている気分になれるというわけだ。

次の「責任回避」は、サラリーマンとして生きていくための処世術である。減点主義の日本企業で出世するには、成果を挙げることよりも失敗しないことが重要だ。会議を開くことで「みんなで決めた話ですから」と、失敗したときに備えて保険をかけておくのである。また、硬直した組織では、「オレはその話を聞いていない」とすぐにヘソを曲げる人が多いので、関係者に仁義を切っておくという点でも会議が重宝される。

しかし何と言っても、無駄な会議が繰り返される最大の理由は「コスト感覚の無さ」だろう。20人を集めて2時間の会議をすれば、$20 \times 2 = 40$人・時となる。これは1人の社員が5日間働くことに匹敵する。平均時給を2千円とすると、8万円の出費となる。日頃開かれている会議の中で、これだけのコストに見合うものはほとんどあるまい。

第13講　どうして無駄な会議が無くならないのか

　問題は、会議を計画する側が、そのコストを負担しなくてよいということだ。会議によって消費される勤務時間の大半は他者のものだから、安易に会議を開いてしまうのである。しかし実際には、他者も同様の理由で気軽に会議を開くので、結局は自分の時間も奪われることになる。

　この問題を解決するには、会議を開くためのコストを高くすればよい。そのような方策を現に実行している企業として、インテル社とディスコ社の事例を紹介しよう。

✴ インテル社のRAPID

　米国IT産業の雄のインテル社では、会議を開こうとする者は、その理由を詳細に説明するレジュメを作成しなければならない。つまり、会議開催に当たっての敷居を高くすることで、無駄な会議を防止しているわけだ。さらに、そのレジュメの中で、参加者に「RAPID」と呼ばれる役割を割り振ることで、意思決定の迅速化＝会議時間の短縮を図っている。

　「RAPID」の「R」は「Recommend（案件の提案者）」、「A」は「Approve（関係部署の担当者）」、「P」は「Perform（案件を実行する現場）」、「I」は「Input（助言をする専門家）」、「D」は「Decide（決定者）」をそれぞれ意味する。「R」が案件について説明し、それに対して「A」「P」「I」が各自の役割に応じて意見を述べ、「D」が最終的に決定を下すというわけだ。もちろん「D」はただ1人である。

　インテル社のX氏から以上の説明をうかがった際に、筆者の頭に浮かんだのは、「「D」が決定したとしても、その後で反対者が何やかやと抵抗して、結局はグダグダになってしまうのではないか」「「D」自身も責任を取ることが怖くて、いつまでも決められずに会議がダラダラと続くのではないか」という疑問だった。

　前者の疑問に対するX氏の回答は、同社には「Disagree but Commit」（自分は反対でも、いったん決定された後は、できるかぎりのコミットをする）という『インテルカルチャー』（同社の組織文化）が存

133

在するということだった。そして後者については、インテル社は得点主義である上に、いったん決めたことでも、情勢変化に応じて方針を適宜変更していけばよいと考えているので、「D」が決断から逃げたりはしないとの回答だった。

X氏は、「IT産業は驚くべきスピードで動いているので、そもそも「正解」などありません。とにかくその場その場で迅速に決断していくだけです」と笑った。

 ## ディスコ社のWill

もう一つのディスコ社では、「Will会計」という独自の管理会計制度を作っている。会議の開催者は、会議室の使用料や出席者に対する謝礼として、疑似通貨（社内通貨）の「Will」を支払わないといけない。このように会議のコストを直接負担させれば、不要不急の会議は無くなり、たとえ会議を開く場合でも、Willを節約するために出席者の数を絞り込み、会議時間も短くしようとするわけだ。

ちなみに、Willの「値段」は社員同士の交渉に任されており、貢献度の高い人への謝礼は高く、そうでない人は低くなる。何やら手間がかかりそうな気がするが、これまでの様々なやり取りを通じて、各人ごとにWillの適正価格が自然と形成されており、交渉にもあまり時間がかからないという。

この説明をうかがった際に筆者の頭に浮かんだのは、「一部の優秀な社員にばかりWillが集まってしまうのではないか」という疑問である。ディスコ社のY氏の回答は、「社員間でWillの収支にばらつきがあることは事実です。しかしそのことがインセンティブとして働き、社員それぞれがWillを得るにはどうしたらよいかを真剣に考え、専門知識やスキルの向上に努力するようになります」ということだった。

ディスコ社では、社員の一人一人が自営業者の如き経営感覚を身に付けることが求められているわけだ。筆者は感心する一方で、その副作用として社員が『Will拝金主義』に陥ってしまうのではないかと不安に

なった。それに対してＹ氏は、「Willの成績は社員の業績評価の一部に反映されますが、我が社ではWillを稼げない社員を解雇することはいたしません。Willはあくまでも社員の成長を促進し、会社をあるべき方向に導くためのツールという位置付けです。それが我が社の『Disco Values』（同社の経営理念）の精神なのです」と語った。

2社からの事情聴取を終えた筆者は、「経営に近道なしということか」とあらためて嘆息した。RAPIDであろうとWillであろうと、社員たちがその気になれば、悪用したり形骸化させたりすることは難しくない。こうした制度がきちんと機能するのは、その基礎として、『インテルカルチャー』や『Disco Values』という価値観が社内で共有されているからだ。

ダラダラ会議や付き合い残業は、会社が抱えている内部疾患が表面化したものにすぎない。そうした内部疾患に正面から取り組もうとせずに、制度を形だけ導入しても効果がないのである。

教訓

ダラダラ会議や付き合い残業を無くすことに反対する経営者はいないのに、いつまでも無くならないのは、会社の体質に原因があるからだ。また、他社で実績を上げた制度を導入したとしても、社内にそれを受け入れる土壌がなければ根付くことはない。会社の体質を改善し、新しい価値観を浸透させるには、経営者の途方もない努力と少なくとも10年以上の期間を必要とする。しかし、それをやらずに小手先の対応を繰り返していては、10年経っても相変わらず同じ問題に悩まされるだけである。

第14講
不祥事対策にもコスト・パフォーマンスの意識を

―コンプライアンス特別勘定のすすめ―

 形容詞に頼って説明するな

　警察では、新しく採用した若手警察官を各県警の警察学校に配属し、みっちりと鍛え上げる。その教官には、豊富な現場経験を持つベテランを充てているが、いかにベテランでも教育者としては素人にすぎない。そこで、事前に警察大学校の教官養成課程に入れて、教官となるための研修を受けさせる。

　かつて筆者は、この教官養成課程を担当していた。つまり、「教官の教官」というわけだ。研修期間はわずか一ヶ月しかないので、とにかく実践的なノウハウを中心に教えることになる。その際に、口を酸っぱくして指導したのが、「形容詞に頼って説明するな」であった。

　何かを説明するときには、「適切な対応」「十分な配慮」「慎重な行動」というように形容詞をつい使いたくなるものだ。しかし、そうした説明は、それなりの経験や知識を持つ相手にしか通じない。素人同然の新任警察官たちには、「どういう対応が適切なのか」「どこまで配慮すれば十分なのか」「どのように行動すれば慎重なのか」まで具体的に説明しないと分からない。

　一般論としては、すぐにご納得いだけるだろう。しかし、「形容詞に頼って説明するな」を実践するのはなかなか難しい。どうしてもケース

バイケースの話になるので、限られた講義時間でどこまで説明すればよいのか教官としても戸惑ってしまう。それでも、現場で出くわすことが多いパターンについて、適切な対応策を二、三例示するだけで、新任警察官たちの理解度はかなり向上するものだ。

さらに、形容詞に頼らずに具体策を考えることは、教官自身にとっても有益である。ベテランともなると、これまで蓄積した経験に安住して、惰性で業務を進めがちである。しかし、新任警察官たちに具体的に説明しようとすれば、「何故そうしないといけないのか」と突き詰めて考えざるを得ないので、自らの仕事ぶりをあらためて省みる良い機会となる。

もちろん「形容詞に頼って説明するな」は、教育現場に限ったことではなく、普段の業務でも心がけるべきポイントである。しかし残念なことに、最近の日本は、まさに形容詞花盛りといった状況に陥っている。

具体論を説けば、それに対して責任が生じる。個々の事項について反論を受けることも覚悟しなければならない。耳触りが良い形容詞を多用して抽象論にとどめておけば、中身が何もなくても尤もらしく聞こえるし、相手から反論されずに済むというわけだ。要するに、テレビのコメンテーターのように、自分の発言に責任を取りたくない方たちが形容詞を多用するのである。

「万全の備え」はあり得ない

筆者の専門である不祥事対策の分野は実務そのものであって、ひたすら具体論が求められるはずだが、現実には形容詞が跋扈している。その中でも、筆者が特に憂慮しているのが、「万全の」「あらゆる」「すべての」といった完全性を意味する形容詞である。例えば、「不祥事を防止するために万全の措置を取る」といった表現をよく聞くが、はっきり申し上げて、予防対策をいくら進めたところで、不祥事のリスクをゼロにすることはできない。

結局のところ、「万全の」「あらゆる」「すべての」といった形容詞は、

第3章　あなたの組織は大丈夫か

発言者の願望の現れにすぎない。不祥事対策を真剣に考えれば考えるほど、こうした浮ついた言葉をおいそれと使えなくなるはずである。

それに対して、「不祥事ゼロの達成が無理なことは承知している。それでもゼロを目指して頑張る姿勢に意義があるのだ」との反論があろう。しかし、目標は高ければ良いというものではない。非現実的な高望みをした場合、目標として機能しないばかりか、むしろ有害になるというのが筆者の持論である。

どの経営者にしても、不祥事は少なければ少ないほど望ましい。しかし、いくら努力しても不祥事のリスクは決してゼロにならない上に、リスクがだんだんと減少するに連れて、不祥事対策にかかるコストは加速度的に増大する。つまり、不祥事対策についても、「限界効用逓減の法則」[7]が当てはまるのである。

そこで、企業としてどの程度の不祥事リスクを「受容」するか、被害規模や態様、発生頻度などのメルクマールをまず設定した上で、その達成に必要とされる経営資源（人材や予算）を計算することが必要となる。現実問題として、それだけの経営資源を配分できない場合には、さかのぼって受容可能リスクの範囲を再検討しなければならない。

こうした受容可能リスクの設定は、企業戦略と密接に関わり合っているため、企業ごとにレベルが違って当然である。「業界平均で十分」な企業もあれば、「トラブル発生件数を業界最少にして顧客にアピールしたい」という企業もあるだろう。いずれにせよ、不祥事対策にヒトとカネを無制限につぎ込むことはできない以上、一般の経営管理と同様に、コスト・パフォーマンス分析が欠かせない。

ところが、「万全の」という非現実的な形容詞を口にした途端、不祥事リスクとコストの因果関係が吹き飛んでしまって、残るのは精神論だけとなる。精神論を無価値と言うつもりはないが、精神論だけではすぐに限界に突き当たってしまう。

---

[7]　限界効用逓減の法則：財の消費量が増えるにつれて、財の追加消費分によって生じる効果が次第に小さくなってしまうという経済学上の法則。

138

コンプライアンス特別勘定のすすめ

「不祥事の防止は企業の社会的責任だ。それをカネ勘定にしてしまうのか」ときれいごとは言わないでほしい。これまで筆者が見てきたかぎりでは、「こんな基本的な事にさえ企業側がカネを出していないのか」と呆れるケースが多いのが現実である。

どの企業でも、倫理綱領や各種マニュアルの作成、研修会の開催、コンプライアンス担当者の指名など一連の対策メニューを揃えている。しかしそうした対策には、ヒトやカネを追加的に投入する必要がないものが多い。逆に言えば、特別のコストを要しない＝既存の枠内でやりくり可能な範囲内に対策内容を限定しているのである。

さらに、不祥事対策の効果測定についても、内輪褒め程度のおざなりな評価にとどまっている。そもそも対策にコストをかけているという意識がないため、そこからできる限りの効果を引き出そうという意欲が最初から欠落しているのだろう。結局のところ、不祥事対策をルーティーンのように惰性でこなしているだけである。

CSR報告書にいくら美辞麗句を並べても、現実がこうした有様では話にならない。筆者としては、「万全の」という非現実的な形容詞によって生じた精神論から脱却するために、コスト・パフォーマンス分析の概念を導入すべきと考えている。不祥事対策に割り当てる経営資源が不十分であれば、それは経営者の責任であり、配分された経営資源から十分な予防効果を引き出せなかったら、それは現場管理者の責任である。こうした関係者の責任の明確化こそ、マンネリ化した不祥事対策の改善に欠かせない。

そのために筆者がひねり出したアイデアの一つが、「コンプライアンス特別勘定」である。

不祥事1件の発生によって、企業が受ける損害（直接的な被害だけでなく、ブランドイメージの低下などの間接的被害を含む）を仮に1億円としよう。そうだとすれば、不祥事を1件減らすのに5,000万円支払っても安いものだ。その5,000万円をコンプライアンス特別勘定に割り当

第3章　あなたの組織は大丈夫か

て、コンプライアンス部門の裁量で支出できるようにする。

　例えば、研修会の参加に要する人件費（＝参加者数×研修時間×平均時給）を、このコンプライアンス特別勘定から参加者の所属部門に支出するようにすれば、おざなりな研修会など開催できなくなる。不祥事防止に役立つ物品の支給や、設備の導入についても、このコンプライアンス特別勘定から支出する形にすれば、社内の関係部局との打ち合わせや予算折衝という内部調整の「泥沼」にはまり込まず、機動的に対応できるだろう。

教訓

　経営者が何かにつけて「企業の社会的責任」を口に出す一方で、現実には、ちょっとした安全対策にカネを出し惜しみ、みすみす重大事故を引き起こす企業が散見される。わかりやすく言えば、経営理念と実務が乖離しているのだ。そのギャップを埋めるには、経営理念をカネ勘定の次元に落とし込むしかない。「不祥事が起きたら〇〇億円の損になるから、その半額を防止対策に割り当てた方が儲かる」という実利的発想こそ、建前論に流れがちなコンプライアンスを正常化する切り札である。

140

第15講
パワハラ問題から逃げずに正対せよ

——パワハラを怖れて委縮する中間管理職——

 無秩序化する大学

　先日、某大学でコンプライアンス関係の講義をした時の話である。授業の開始時間になっても、一部の学生がおしゃべりを止めない。担当のＡ教授が「講義が始まりますので、皆さん静かにしてください」と二度呼びかけたが効果がない。温厚なＡ教授もさすがに表情が引き締まり、ついに「皆さん静かにしなさい‼」と声を荒げたところ、ようやくおしゃべりがストップした。

　講義の終了後、Ａ教授が「まことに無礼なことで申し訳ありません」としきりに詫びてくる。私は「最近はどこの大学もこんな感じですから、あまり気にしないで下さい」と返答したが、次のＡ教授の言葉に驚いた。

　「パワハラと非難されるのは分かっているのですが、あまりに失礼なもので、つい声を上げてしまいました」

　私は苦笑して、「学生のおしゃべりを叱るくらい、教師として当然ではないですか」と申し上げた。すると、Ａ教授は真顔で、「いえいえ、今の大学では教師が大声を出しただけで、パワハラになってしまうんですよ」と言う。

　Ａ教授のご説明によると、学生に対してちょっと厳しく指導すると、

141

すぐにパワハラ（大学内ではアカデミック・ハラスメント、縮めて「アカハラ」と呼ぶこともある）扱いされてしまうらしい。半信半疑の私が、「それでは学生への指導が出来ないでしょう」と質問すると、A教授は、「その通りです。情けない話ですが、教員が戦々恐々となって何も言わなくなったため、大学の中が無秩序化して、まるで動物園みたいになっているのです」と唇を噛みしめた。

このままでは学生の将来のためにも良くないと考えたA教授は、同じ学部の必修科目担当の教員たちと『特攻隊』を組んで、学生指導に努めているという。1・2年で必修科目を履修する時に躾をしておけば、その後も軌道からさほど外れないだろうという考えである。『特攻隊』というのは半ば自嘲だろうが、すぐにパワハラと批判される学内では、そのくらいの覚悟がないと学生指導はできないらしい。

 無力な教授会

A教授たちのご努力によって、同学部の学生は比較的しっかりしているという。しかし、A教授が見学に訪れた他学部の講義では、教室の後方で学生がバドミントンをしているのに、担当教員はそのまま授業を続けていたそうだ。

筆者は、「授業を妨害するような行為に対し、厳しく指導するのは当然のこと。学生側からパワハラだと申し出があっても、教授会で調査の上、毅然として突っぱねればよいではないですか」とA教授に申し上げた。しかし、その教授会が無力なのだという。パワハラとの訴えがなされただけで、ろくに調査もせずに当該教員の処分を進めようとするらしい。

A教授との会話から浮かび上がってきた問題点の第一は、とにかく教員が忙しいことだ。私の学生時代（およそ30年前）の大学教授は実に優雅（ヒマ？）であったが、いまでは様々な雑用に追われ、研究に充てる時間がどんどん削られている。教員たちの多くは、これ以上時間を取られてはたまらないと、なるべく面倒事には関わりたくないらしい。

そうなると、教授会での議論で主導権を握るのは、権威や秩序を否定するのが大好きな『進歩的』教員たちである。彼らにしてみれば、学生たちに社会人としてのマナーを教えようとする教員はいわば天敵なので、問答無用で糾弾するというわけだ。

かつて学生運動が華やかなりし時代に、こうした『進歩的』教員たちが、造反有理と喚き立てる毛沢東かぶれの学生を甘やかし、大学を混沌の坩堝（るつぼ）へと変えてしまったことを思い出さずにはいられなかった。まさに「歴史は繰り返す」である。

✴ パワハラの定義

パワハラ問題に関しては、「パワハラかどうかの判断は、相手側の主観を基準とする。したがって、パワハラと相手が感じたら、それはパワハラなのだ」と大抵の方が信じ込んでいるようだ。しかし、このパワハラ主観論は間違いである。

パワハラに関する定義は、2012年3月に厚生労働省の「職場のいじめ・嫌がらせ問題に関する円卓会議」（座長：堀田力　さわやか福祉財団理事長）が取りまとめた「職場のパワーハラスメントの予防・解決に向けた提言」[8]の中に提示されている。

それによると、「職場のパワーハラスメントとは、同じ職場で働く者に対して、職務上の地位や人間関係などの職場内の優位性を背景に、**業務の適正な範囲を超えて**、精神的・身体的苦痛を与える又は職場環境を悪化させる行為をいう」とされる。相手が指示や注意を不満に感じたとしても、それが業務として適正な範囲内の行為であれば、パワハラには該当しないとはっきり解説している。

講義をするのが教員としての正当な業務行為である以上、学生のおしゃべりを止めさせようと指導するのは当然のことだ。今回のように二度も注意したのに、それでも効果がないのであれば、大声を上げるのも

---

[8]　http://www.mhlw.go.jp/stf/shingi/2r985200000255no-att/2r9852000002560k.pdf

やむを得ない。

　はっきり申し上げて、パワハラ問題に過敏になって萎縮している大学側がどうかしているだけである。ところが最近では、民間企業でさえも、この「パワハラ萎縮症候群」に陥っているようだ。

　そのことに気が付いたのは、民間企業のリスク管理担当者を中心とした勉強会で、パワハラ問題のケーススタディを行った時のことだ。筆者の作成したケースは、ベテランの現場管理者が経験不足の若手に対して業務指導を行ったところ、その若手がパワハラと訴えたというシンプルなものである。

　参加者の皆さんには、社内のパワハラ対策委員会のメンバーになったつもりで議論していただいた。ところが、ほとんど誰もが、「パワハラと相手が感じたら、それはパワハラなのだ」というパワハラ主観論に嵌っていたのである。ベテランが若手を指導する必要性はよく理解できるし、この程度のことが指導できないようでは仕事が成り立たなくなると感じながらも、やはりパワハラと認めざるを得ないという意見が多数派を占めてしまった。

蔓延するパワハラ萎縮症候群

　企業関係者からいろいろ詳しく聞いていくと、現場ではパワハラ主観論が当然視され、「パワハラ萎縮症候群」が組織を蝕みつつあるらしい。

　例えば、パワハラと言われるのが怖くて、きつい仕事を部下におろさずに自分で抱え込む中間管理職が出てきている。しかし、どんなに頑張っても、一人でやれることには限界があるので、いずれは過大な業務負担に心身とも押し潰されてしまう。さらに部下の側では、挑戦的な仕事をいつまでも任せてもらえず、実力を伸ばす機会が得られない。

　さらに憂慮されるのは、パワハラを言い訳にして、部下への指導を放棄する中間管理職が増えていることだ。その結果、職場内で若手をしっかり指導する「やかまし屋」がどんどん減り、その残り少なくなった「やかまし屋」も、周囲から浮き上がった存在になりつつある。

かくして「やかまし屋」が姿を消した組織がいかに弛緩したものとなるか、容易にご想像いただけるだろう。無秩序化しつつある大学は、十年後の日本企業の姿かもしれない。

こうして「パワハラ萎縮症候群」が蔓延したのは、パワハラを大袈裟に触れまわって恐怖心を煽り、その対策を教えることを飯のタネとするマッチポンプ的なコンサルタントがいるからだ。企業側としては、こうした商売人の口車に惑わされず、自分の頭でパワハラ問題を考える姿勢が必要である。

具体的には、まずは前述の「職場のパワーハラスメントの予防・解決に向けた提言」をじっくり読んで、それを現場に落とし込む作業を進めていけばよい。パワハラかどうかの判断は、**「業務の適正な範囲」**が基準である以上、企業がそれぞれの実情に応じて、個別事例を題材に議論を重ね、いわば「判例」を積み上げていく形となるだろう。

その際に、マスコミなどから「パワハラの判定が恣意的ではないか」と批判される可能性もないわけではない。それを予防するには、社外取締役などの中立的な有識者をパワハラ対策委員会のメンバーとして、パワハラ判定の客観性を担保することをお勧めする。ただし、一部の企業で見受けられるように、社外といっても実際には経営者のお友達で、中立性を期待できない形だけの社外役員は願い下げである。

 ## セクハラ問題に関する私見

話の筋から外れてしまうが、セクハラ問題に関しても解説しておこう。何故ならば、「パワハラと相手が感じたら、それはパワハラなのだ」というパワハラ主観論が抵抗なく受け入れられたのは、そもそも「セクハラと相手が感じたら、それはセクハラなのだ」というセクハラ主観論が存在したからだ。

セクハラ関係の基本法令である男女雇用機会均等法は、その第11条に、「事業主は、職場において行われる性的な言動に対するその雇用する労働者の対応により当該労働者がその労働条件につき不利益を受け、

又は当該性的な言動により当該労働者の就業環境が害されることのないよう、当該労働者からの相談に応じ、適切に対応するために必要な体制の整備その他の雇用管理上必要な措置を講じなければならない」と規定している。

ここで問題となるのは、セクハラの要件とされている「性的な言動」や「就業環境が害される」の判断基準である。この点について、厚生労働省雇用均等・児童家庭局長通達（平成18年10月11日）は、次のとおり解説している（第3　1（2）イ⑤）。

「「労働者の意に反する性的な言動」及び「就業環境を害される」の判断に当たっては、**労働者の主観を重視しつつも、事業主の防止のための措置義務の対象となることを考えると一定の客観性が必要**である。具体的には、セクシュアルハラスメントが、男女の認識の違いにより生じている面があることを考慮すると、**被害を受けた労働者が女性である場合には「平均的な女性労働者の感じ方」を基準とし、被害を受けた労働者が男性である場合には「平均的な男性労働者の感じ方」を基準とすることが適当**である」。

要するに、男女雇用機会均等法では、相手の主観を重視するとしながらも、客観性を担保するために、平均的な労働者の感じ方を基準としているのだ。それなのに、どうしてセクハラ主観論がこれほど広がってしまったのだろうか。

公務員の人事行政を企画する人事院では、セクハラ問題に関して人事院規則10-10を定め、その運用通達の別紙1の中で、「性に関する言動に対する受け止め方には個人間や男女間で差があり、**セクシュアル・ハラスメントに当たるか否かについては、相手の判断が重要**である」と規定している。この人事院規則が、セクハラ主観論の根拠とされているらしい。

この規則は、先ほどの厚生労働省通達よりも、主観重視の方向に踏み込んでいるような印象を受ける。しかし、あくまで相手の主観が「重要」と述べているだけで、客観性を無視してよいと極論を展開しているわけではない。さらに言えば、そもそも人事院規則は公務員を対象とす

るものであって、民間企業に対して意味を持つのは厚生労働省の通達である。これまでの判例でも、常識的に見れば問題があるとは思えない言動については、セクハラとの訴えが斥けられている。

　過去を振り返れば、男性優位の日本社会において、セクハラ問題は相当に深刻だったと言わざるを得ない。その意味では、「セクハラと相手が感じたら、それはセクハラなのだ」という極論を敢えて展開することが必要だった時代もあるだろう。しかし現時点では、セクハラ主観論のマイナス効果のほうが大きくなっているような気がしてならない。

　セクハラ主観論を植え込まれて戦々恐々となった男性管理職たちが、女性を部下に持つことを敬遠し、あるいは女性の部下に対する業務指導を緩めていれば、むしろ『ガラスの天井』を強化するだけである。センシティブな議論をことさらに避けるのではなく、冷静かつ実務的に議論を進める時期が来ているのではないだろうか。

教訓

　日本のビジネスマンは、パワハラ・セクハラの解釈について、主観論を信じ込んでいる者がほとんどである。相手方がそう感じたら問答無用という主観論の乱暴さに疑問を持ちながらも、「しょうがない」とぼやいて周囲の雰囲気に流されてしまう。しかし、問題点から逃げ回っていれば、最後は袋小路に追い詰められるだけだ。「やかまし屋」が絶滅して、「いい人」ばかりになった企業がどのような末路を迎えるか、想像してみるとよいだろう。

第16講
マタハラ問題を巡る企業の責任

―難しい問題ほど説明責任を果たせ―

 マタハラ事件の概要

　マタニティハラスメント（マタハラ）とは、妊娠や出産に伴う就労制限や休業によって業務上の支障をきたすという理由から、精神的あるいは肉体的な嫌がらせを行うことを指す。

　男女雇用機会均等法第9条は、事業主に対して、妊娠や出産などを理由とする解雇その他の不利益な取扱いを禁じている。しかし、厚生労働省の発表によると、平成25年度に都道府県労働局に寄せられたマタハラの相談は2,090件（前年度比14.8%増）に達し、働く女性にとってマタハラが深刻な問題であることが浮き彫りとなった。

　2014年10月23日、最高裁は、妊娠を理由に降格されたとして女性が勤務先を訴えた事案に関して、降格を適法とした二審判決を破棄し、審理を広島高裁に差し戻した。マタハラ問題に対して最高裁が初めて判断を下したケースとして注目されている。

　訴訟の原告は、広島市内の病院に勤めていた理学療法士の女性Aである。同病院が運営する訪問介護施設の副主任（管理職手当は月額9,500円）として業務の取りまとめをしていたが、妊娠したことにより、身体的負担が軽易な病院のリハビリ科への配置転換を希望した。その異動の際に、同科には取りまとめ役の主任が既に配置されていたこと

を理由に、病院側ではAを副主任から降格した。ところが、そのことについてAへの説明や辞令の交付を失念していたため、半月後にあらためて説明したところ、Aは渋々ながらも了解した。

その後、育児休業を終えたAは訪問介護施設に復職した。しかし、配置転換されている間にAよりも職歴が短い別の職員が副主任に就任したため、Aは副主任に復帰することができなかった。それを不服としたAが、本件訴訟を提起したものである。

二審判決は、「本件措置は、上告人（A）の同意を得た上で、被上告人（病院）の人事配置上の必要性に基づいてその裁量権の範囲内で行われたものであり、上告人の妊娠に伴う軽易な業務への転換請求のみをもって、その裁量権の範囲を逸脱して均等法9条3項の禁止する取扱いがされたものではないから、同項に違反する無効なものであるということはできない」として、Aの請求を棄却していた。

 最高裁判決のポイント

これに対して最高裁は、「（男女雇用機会均等法）9条3項の規制が設けられた趣旨及び目的に照らせば、女性労働者につき妊娠中の軽易業務への転換を契機として降格させる事業主の措置は、原則として同項の禁止する取扱いに当たるものと解されるが、当該労働者が軽易業務への転換及び上記措置により受ける有利な影響並びに上記措置により受ける不利な影響の内容や程度、上記措置に係る事業主による説明の内容その他の経緯や当該労働者の意向等に照らして、**当該労働者につき自由な意思に基づいて降格を承諾したものと認めるに足りる合理的な理由が客観的に存在するとき**、又は事業主において当該労働者につき降格の措置を執ることなく軽易業務への転換をさせることに円滑な業務運営や人員の適正配置の確保などの業務上の必要性から支障がある場合であって、**その業務上の必要性の内容や程度及び上記の有利又は不利な影響の内容や程度に照らして、上記措置につき同項の趣旨及び目的に実質的に反しないものと認められる特段の事情が存在するときは、同項の禁止する取扱い**

に当たらないと解するのが相当である」と一般論をまず判示した。

これを要約すると、妊娠による降格は原則的に禁止であるが、「労働者が自由な意思に基づいて降格を承諾したとき」あるいは「降格には業務上の必要性があり、不利益の程度などの諸状況が法律の趣旨に反しないと認められる特段の事情があるとき」には、例外的に許されるということである。この一般論が示した基準は、決してドラスティックなものではなく、読者の皆さんも「この辺りが妥当な線だろうな」と感じたのではないだろうか。

その上で、本事案に関して最高裁判決は、前者の「降格の承諾」について、復職後も副主任に復帰できないことについて病院側が適切に説明したとは言えず、Ａが承諾したとは認められないとした。そして後者の「特段の事情」については、業務上の必要性や不利益の程度などについて二審判決は審理を尽くしていないとして、本件を広島高裁に差し戻したのである。

病院側の対応の誤り

本判決が認定の拠り所としたのは、「一連の経緯に鑑みると、本件措置による降格は、軽易業務への転換期間中の一時的な措置ではなく、上記期間の経過後も副主任への復帰を予定していない措置としてされたものとみるのが相当である」という部分である。つまり、妊娠中に軽易業務に転換していた間の「一時的な」降格ではなく、病院側には、最初からＡを降格したままにする意図があったとしているのだ。

それでは、病院側は、どうしてＡを副主任に復帰させまいとしたのだろうか。ここから先は筆者の推測となるが、管理者としてのＡの力量を病院側が疑問視していた可能性が高い。本判決の補足意見の中には、「上告人（Ａ）が配置されるなら辞めるという理学療法士が２人いる職場があるなど復帰先が絞られ（ていた）」と記されている。

詳しい事実関係は不明だが、Ａと同僚の間に相当な軋轢が存在していたことが窺える。おそらく病院側は、Ａには管理職が務まらないとかね

てから考えていた。そこで、妊娠を機会にＡを降格し、そのまま管理職から外してしまおうとしたのではないだろうか。

妊娠が明らかになる以前に、管理者としての力量不足を理由にＡを降格したのであれば、病院側の裁量権の範囲内として認められる余地があっただろう。ただし、その際には、管理職として具体的にどのような能力が求められるのか、そしてＡがそれを満たしていないと判断した根拠は何かについて、きちんと説明しなければならない。その面倒な手続きを省くために、妊娠を理由としてＡを降格したとすれば、病院側の違法行為と認定されるのは当然である。

とかく日本企業では、経営者が説明責任を果たそうとせず、何かの機会にかこつけて、なし崩し的に問題を処理してしまおうとする傾向が認められる。しかし、法的手続きの遵守が強く要請される今日では、そうした旧態依然の対応ぶりではやっていけないと覚悟して、問題に正対する姿勢が不可欠なのである。

企業と働く女性が敵対関係にあるわけではない

筆者も、娘を持つ父親として、働く女性の妊娠・出産をしっかりサポートする社会を築いていかなければならないと考えている。その一方で、上場企業はともかくとして、少なからぬ中小企業では、人事面・財務面でサポートに限界があるのも事実である。はっきり申し上げると、女性が妊娠・出産しても部署を異動せず、賃金や待遇も変わらないようにしてやりたくても、台所事情でそれが出来ない企業は沢山あるということだ。

そうした視点から見た場合、マスコミがはやし立てるように、「最高裁は、妊娠・出産を理由にした降格を違法と判断した」と本判決を単純化することには疑問を感じざるを得ない。

繰り返しとなるが、本判決は、妊娠による降格を原則的に禁止する一方で、「労働者が自由な意思に基づいて降格を承諾したとき」あるいは「降格には業務上の必要性があり、不利益の程度などの諸状況が法律の

趣旨に反しないと認められる特段の事情があるとき」には、例外的に降格も許されるとしている。すなわち、女性側に一方的に肩入れしたわけではなく、企業と女性の話し合いを尊重するとともに、企業側の苦しい事情にも配慮を示しているのだ。

ここで思い出していただきたいことがある。非正規労働者の保護のために労働契約法が改正され、有期労働契約が通算5年を超えた時は、労働者の申し込みにより、期限の定めのない無期労働契約に転換できることとなった。ところが実際には、労働契約が通算5年に達する前に雇い止めをされ、非正規労働者の生活が不安定になる問題が生じている。

現実の世界では、良かれと思って善意でしたことが、かえって状況の悪化につながる場合があるということだ。マタハラに関しても、声高に女性の立場ばかり主張すると、企業側が妊娠適齢期の女性の雇用に及び腰になり、むしろ女性の社会進出の妨げとなることが危惧される。

この最高裁判決について、マスコミは「画期的判決」と持ちあげ、一部にはかなり扇情的な記事も掲載された。しかし、企業の人事担当者はいたずらに怯えたりせずに、まずは問題の判決文をじっくり読んでいただきたい。ちなみに、この判決文は裁判所のホームページから無料で全文を入手することができる[9]。

最高裁が企業に求めているのは、高邁な理想論ではない。女性側とよく話し合って、お互いに納得し得る妥協点を見つけ出すことである。企業と働く女性は、決して敵対関係にあるわけではないのだ。

教訓

人事評価の関係では、当人に面と向かって説明しづらい話が少なくない。だからと言って、本件のように機会に乗じてなし崩し的に懸案を解消しようとする姿勢では、相手がフラストレーションをつのらせるのは当たり前であり、法的にも許されるものではない。説明が難しいことだ

---

[9] http://www.courts.go.jp/app/files/hanrei_jp/577/084577_hanrei.pdf

第16講　マタハラ問題を巡る企業の責任

からこそ、きちんと説明責任を果たさなければいけないのである。

参考資料
• 最高裁平成 26 年 10 月 23 日判決

第 17 講

サリドマイド薬害事件

―いざという時に「No」と言えるようになれ―

 「完全に安全」とされた薬物

　1950年代、米国を牽引車として西側諸国は経済繁栄を謳歌したが、第二次世界大戦時に負ったトラウマ、急速な社会変化に対する戸惑い、東西冷戦に伴う核戦争の恐怖などに悩む人々も少なくなかった。それに着目した製薬企業が精神安定剤や睡眠剤などの向精神薬のキャンペーンを実施し、短期間のうちに大きな市場が形成された。その一方で、当時の向精神薬の主役であったバルビツール酸系薬物には、多量に摂取すると死に至るという重大な欠点があり、誤った服用による事故死や自殺が少なくなかった。

　ドイツのX社がサリドマイド（商品名コルテンガン）の販売を始めたのは、1957年10月であった。サリドマイドは、神経を鎮めて自然な睡眠を誘導する効果がある上に毒性が極めて低く、動物実験では大量に投与してもラットが死ぬことはなかった。X社では、「完全に安全な鎮静剤」をセールスポイントとして販売攻勢をかけ、爆発的に売り上げを伸ばした。やがてサリドマイドは世界の46ヶ国で販売されるようになった。

　しかしサリドマイドには、2つの副作用があった。その1つは、多発性神経炎（手足の痺れや痛み）を引き起こすことである。数ヶ月間服用

した場合に5〜20%という高率で発症し、服用を止めても症状は持続する。

実は、臨床試験の際にこうした神経症状が観察されていたが、X社ではそのリスクを無視して販売を強行したのである。発売して1年くらい経つと、この副作用についてのクレームが次々と届くようになったが、X社では因果関係を一切否定するともに、クレーム情報の書類を仕舞い込んで隠蔽した。

1960年12月、多発性神経炎とサリドマイドの関連性を示す最初の論文がブリティッシュ・メディカル・ジャーナル誌に掲載された。翌年2月には、サリドマイドが神経に永続的損傷を与えると医学会議で発表された。それにもかかわらずX社では、サリドマイドの安全性を強調する宣伝を活発に行うとともに、「競合他社がデマを広めている」との偽情報をさかんに流した。多くの医師は医学専門誌を読んでおらず、X社の宣伝を鵜呑みにして患者への投与を続けた。

サリドマイドが爆発的に売れたのは、前述のように「安全」をセールスポイントとして、処方箋無しで誰でも購入できたからである。X社としては、莫大な利潤を生みだす「ドル箱」を守るために、「安全」という看板を下ろすわけにはいかなかったのだ。

1961年6月には、X社の社内会議で開発担当者が「サリドマイドには大きな危険性がある」と認めるに至ったが、外部に対しては「安全」キャンペーンが続けられた。ドイツにおける多発性神経炎の患者数は、最終的に約4万人と推定されている。

 薬害の拡大と製薬会社の責任

サリドマイドのもう1つの副作用は、妊娠の初期段階（受精後20〜36日）に服用した場合に胎児の先天異常を引き起こすこと（催奇形性）である。その態様としては、手足が欠損あるいは短くなってしまう無肢症や海豹（あざらし）肢症がよく知られている。あまりに痛ましい症状であるため、筆者としてもこれ以上の説明を躊躇せざるを得ない。

第3章　あなたの組織は大丈夫か

　この副作用が発覚するには時間がかかった。通常の服用量で先天異常が発生するのは霊長類だけであり、ラットやウサギを使った動物実験では見つけることが困難だったからだ。さらに、医師の間では、「胎盤が有害物質の通過を防ぐので、母体から胎児に有害物質が伝わることはない」という「胎盤神話」が長く信じられていた（実際には、分子量が小さい物質は胎盤を通過する）。そのため、これまでにない先天異常を目にしても、医師側では「胎児に対する薬害」という視点を持てなかったのである。

　ハンブルグ大学のレンツ教授が、サリドマイド児の家族からの相談を端緒として、先天異常の続発に気付いたのは1961年6月のことである。同11月16日、レンツ教授は、「対策が遅れれば、毎月50人から100人もの障害児が生まれることになる」とX社に警告した。さらに同18日には、サリドマイドと先天異常の因果関係について小児科学会で報告した。

　この局面に至っても、X社は「不当な攻撃だ」とレンツ教授を批判するとともに、サリドマイドの安全性を強調するキャンペーンを加速しようとした。しかし、同26日に新聞がレンツ教授の警告を報道したことにより、ようやく販売中止を決めた。3049人のサリドマイド児がドイツで生まれ、世界全体では約3900人と推定されている。

　被害者とその家族には、さらなる苦難の道が待ち受けていた。製薬会社との泥沼の訴訟が続いたのである。製薬会社側は、サリドマイドが先天異常を引き起こすメカニズムが不明である（今日でも十分には解明されていない）ことや、当時の薬品承認制度の不備を理由に自らの責任を否定した。その上で、被害者の多くが経済的に困窮し、長期の訴訟に耐えられないことを見越して、さまざまな法廷戦術を駆使して訴訟の引き伸ばしを図ったのである。

　最終的にはいずれの国でも和解が成立したが、ドイツでの和解成立は1970年、日本はさらに遅れて1974年であった。和解の内容についても、必ずしも被害者側にとって満足できるものではなかった。

　こうした事件について会社側が訴訟で争うこと自体は法的な権利であ

156

第17講　サリドマイド薬害事件

る上に、賠償金額を出来るだけ低く抑えようとするのは、会社や株主の利害という観点からは当然であろう。しかし、企業倫理や企業の社会的責任について教える立場の筆者としては、このような訴訟対応に疑問を抱かざるを得ない。

 ケルシーの孤軍奮闘

　前述のとおり世界各国でサリドマイド被害が発生したが、睡眠薬の巨大市場であった米国の被害者は11人にとどまった。それは、一人の女性の勇気ある行動のおかげだった。

　米国の製薬会社Y社は、1960年9月にFDA（食品医薬品局）にサリドマイド（商品名ケバドン）を申請し、翌年3月から発売を開始する予定であった。当時の法規制は非常に緩く、FDAに与えられた審査期間はわずか60日であった上に、当時のFDAは製薬会社との癒着がひどく、様々な接待やリベートの交付が常態化していた。

　サリドマイドの審査を担当したのは、フランシス・ケルシー博士だった。彼女は、「ラットを使った実験ではサリドマイドをどんなに投与しても致死量にならない＝サリドマイドは非常に安全である」というY社の論法に疑問を感じた。「致死量が見いだせないのは、ラットがサリドマイドを吸収していないためではないか。もしかしたら、ラットの試験では把握できなかった毒性が存在するかもしれない」と考えたのである。

　ケルシーは、ラットがサリドマイドを吸収しているかどうかを確認するようにY社に指示した。さらに、Y社側では「すぐ承認されるはず」と思い込んで杜撰な申請をしていたため、書類上の不備を理由として申請を不受理処分にした。受理扱いのままだと、審査期間の60日が経過すると自動承認されてしまう仕組みだったからだ。

　Y社は再申請を行うとともに、様々な形でケルシーに圧力をかけた。製薬会社から審査官へ接触するのは禁じられていたが、Y社は気脈を通じたFDA幹部からケルシーの名前を聞き出して談判に及んだ。1961年

157

第3章　あなたの組織は大丈夫か

3月の発売予定日が近付くと、Y社の姿勢は脅迫に近いものとなったという。

発売予定日の10日前、前述のブリティッシュ・メディカル・ジャーナル誌がケルシーのもとに届けられた。「神経障害の問題を承知しながら、申請書に記載しなかったのは何故か」とケルシーが追及すると、Y社は、「神経障害の可能性があるという警告を添付文書に追加するから承認してほしい」と妥協案を提示した。

これに対してケルシーは、「サリドマイドは生命を救うために必要な薬ではなく、ただの鎮静剤にすぎない。重大な副作用が認められる以上、性急に市販するべきではない」と突っぱねた。さらに、「サリドマイドが成人に神経障害を引き起こすのであれば、胎児にも何か影響があるのではないか」と治験の追加を要求した。この時点では、前述のレンツ教授による調査も始まっておらず、ケルシーの「勘」であった。

胎児への影響まで調査するには時間もカネもかかる。Y社では、FDAに「審査の遅れ」についてクレームを申し立て、「サリドマイドの安全性」を支持する医学者たちを集め、さらにはケルシー個人に対する訴訟の提起まで匂わせた。しかしケルシーは治験の追加を繰り返し命じ、不受理と再申請のやりとりが6回も続いた。Y社では、発売予定日を1961年のクリスマス商戦に再設定し、すでに製造も開始して大量の在庫品を積み上げた上で、ケルシーに対する圧力を高めていった。

11月29日、X社がサリドマイドの回収を始めたとのニュースが飛び込んできた。この時の心境について、ケルシーは以下のとおり述懐している。「承認を拒み続けて一年が過ぎた。「もう持ちこたえられない」と感じていたとき、「妊娠中に服用した母親から奇形児が生まれている」と会社側から製品回収の報告があった。大変だ、というより、もう戦わなくてすむとホッとした気持ちのほうが強かった」(1994年11月1日朝日新聞朝刊)。

1962年8月4日、ケルシーは、サリドマイド薬害の発生を食い止めた英雄として、ケネディ大統領から大統領市民勲章を授与された。

158

最後の支えは失敗の教訓

　ケルシー博士は決してベテランではなく、医薬担当の審査官となってから2つ目の案件がサリドマイドだった。ちなみに、彼女の前任者は、やはり安全性に疑問がある薬品を却下したことで、FDA幹部からトラブルメーカーと見做されて左遷されていた。

　新米の審査官が、製薬会社と癒着するFDAの中にあって、前任者の左遷の事情も承知しながら、欧州で十分な販売実績のある薬剤の審査に当たったのである。これほど悪材料ばかり揃う中で、どうしてケルシーは信念を貫くことが出来たのだろうか。

　「フランキー」（英語のfrankに由来）という愛称どおりの率直で頑固な性格に加えて、それまでの彼女の経歴が大きく寄与していた。米国では1938年に抗菌剤スルファニルアミド（「サルファ剤」として知られる）に有毒なジエチレングリコールが混入したことにより、子供を中心に100人以上の死者が発生する薬害が発生していた。ケルシーは、大学院生の頃に同事件の調査に当たっていたのである。

　胎児への副作用に着目したのも偶然ではない。かつて大学教員を務めていた時に、薬物が胎児に及ぼす影響について論文を執筆していたのだ。さらに、医学雑誌の副編集長を務めていた折には、製薬会社から報酬を受け取った医師が、いいかげんな治験で薬品の効能を推奨する論文を書いてくることに気付き、掲載を次々と拒否していた。要するに、ケルシーは、薬害や胎児への副作用、不適切な治験について「経験」を蓄積していたのである。

　こうした問題については、大抵の医学者が一般論としては承知していただろうが、薄っぺらな「知識」は、強いプレッシャーに直面すればすぐに吹き飛んでしまう。いざという時に「No」と言うためには、自らの判断の支えとなる「信念」が欠かせない。そして、「信念」の裏付けとなるのが、さまざまな事例を学ぶことで蓄積した「経験の重み」なのである。

回収の遅れにより被害が拡大

　日本では、厚生省におけるサリドマイドの審査は、わずか1時間半の書面手続きだけであった。製造元のZ社では十分な治験を行っていなかったが、「先進国で既に利用されている薬剤」という理由で簡単に審査をパスしたとされる。

　1958年1月、Z社は睡眠薬「イソミン」の名称でサリドマイドの販売を開始し、1960年8月からはサリドマイドを補助薬として配合した胃腸薬「プロバンM」も発売した。両薬品は短期間で売り上げを伸ばし、Z社の主力商品に成長した。当時の日本には化学物質に関する特許制度がなかったので、他の製薬会社が同一成分の模倣薬品（いわゆる「ゾロ薬品」）を次々と売り出した[10]が、Z社がサリドマイド剤市場の9割以上を占めていた。

　ドイツと同様に日本でも製薬会社側が「安全」を宣伝したため、妊婦もサリドマイドを服用したことが被害の拡大につながった。筆者は1961年生まれで、妹は1962年生まれである。私達が薬害から免れたのは、母がたまたま「イソミン」や「プロバンM」を飲まなかっただけであり、その意味では決して他人事ではない。

　ドイツでは、1961年11月27日にサリドマイドの販売中止と回収を発表し、それから3週間以内にすべての欧州諸国が同様の措置に踏み切っていた。この時点ですでに母体内で被害に遭っていた胎児は、1962年8月までに出生したと考えられる。言い換えれば、1962年9月以降に生まれたサリドマイド児は、回収作業の遅れや回収漏れによる被害者である。

　この「防ぐことができたはずの被害者」の数は、サリドマイドが広範に流通していたドイツでさえ81人にとどまったが、日本では約100人（被害者総数の3分の1）に達したとされる。日本でサリドマイドの回収が始まったのが1962年9月、つまり欧州諸国よりも9ヶ月も遅れたことが原因であった。どうしてこれほど対策が遅れてしまったのだろうか。

---

[10] 50年前の事件なので、本稿では、Z社をはじめとするサリドマイド販売企業の名称は伏せておくこととした。著名な製薬会社がずらりと並んでいるとだけ申し上げておこう。

第17講　サリドマイド薬害事件

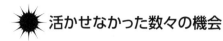活かせなかった数々の機会

　東京大学医学部の高橋講師の調査によると、レンツ教授の警告よりも6ヶ月も前に日本の医師がサリドマイドの危険性に気づいていたようだ。東京都立A産院では、1959年8月から妊婦に対してイソミンを処方していたが、1960年8月に2件、1961年5月に1件のサリドマイド被害が発生した。

　A産院では、3件目の被害が発生した直後にイソミンの処方を中止している。先天異常の続発を受けて妊婦の共通点を調査したところ、イソミンの服用歴が浮上したのであろう。その一方で、薬害の危険性について積極的に警告しようとした形跡は見当たらない。産院内で薬害が発生した事実を表に出したくなかったのかもしれないが、被害のさらなる拡大を防ぐ上で、貴重な機会を逃してしまったことになる。

　1961年12月4日、X社から「ドイツでサリドマイドの販売を停止したので、日本でも同様の措置を取るとともに、市場内に流通する薬剤も回収されたい」との通報がZ社に届いた。同6日にZ社は厚生省の薬務行政担当者と協議したが、日本での発症報告がないことを理由に販売を継続することになった。

　翌年1月にZ社では調査員をドイツに派遣した。しかし調査員は、サリドマイドの危険性を訴えていたレンツ教授などの学者や、回収に熱心だった現地の行政官の意見を聴こうとしなかった。X社の担当者だけと面接して、「レンツ教授の主張には科学的根拠がない。新聞が騒いだために回収しただけである」との一方的な主張を「調査結果」として持ち帰ったのである。

　科学的調査に当たっては、賛否両論の主張を突き合わせて検証することが不可欠である。わざわざドイツに出張したにもかかわらず、X社以外から事情聴取しなかったのは奇妙と言わざるを得ない。サリドマイドの販売を続けるために、都合の悪い情報を敢えて収集しないようにしたのではないだろうか。

　2月6日、この「調査結果」をもとに、Z社があらためて厚生省と協

議した結果、「今後も調査を続け、成り行きをしばらく静観する」こととされた。その後、Z社で実施した動物実験では異常が認められなかった。前述したように、サリドマイドの催奇形性は主に霊長類に対するものであり、ラットやウサギによる動物実験では発現しなかったためである。この動物実験の結果を受けて、厚生省では、Z社以外の製薬会社が申請した2種のサリドマイド剤に対し、新たに販売許可を出している。

3月末にはX社から「サリドマイドの販売を続けるのであれば、妊婦が服用する危険を絶対に除去しなければならない」と注意する書簡がZ社に届いた。さらに4月中頃には「妊婦の服用を避けるための処置を取らないのであれば、X社は今後一切責任を取らない」との警告を受けた。何らかの対策を取る必要があるのではないかと関係者の意識が変化したのは4月末であった。

5月17日、ようやくZ社がイソミンの自主的な出荷停止に踏み切った。ただし、念のために出荷停止しただけで、薬局にある在庫品はそのまま販売してよいとのスタンスだった。しかも、プロバンMについては出荷停止さえしなかった。

Z社では、サリドマイドの代わりに別の薬剤を配合した「プロバンMB」の販売を7月から開始している。サリドマイド100％のイソミンはどうしようもないとしても、プロバンMについては、せっかく築き上げたブランド名を残そうとして、敢えて出荷停止をしなかったのだろう。

どうして販売が継続されたのか

日本でもサリドマイド被害が発生していることについて最初に警鐘を鳴らしたのは、北海道大学医学部の梶井講師であった。梶井講師のサリドマイド症例報告が1962年7月21日に医学雑誌に掲載されると、Z社は論文内容について電話で問い合わせをした。講師自らも、Z社の札幌支店を訪問して調査結果を説明している。しかし、この段階に至ってもZ社は回収の動きを見せていない。

第17講　サリドマイド薬害事件

　同年8月26日、梶井講師が日本小児科学会で問題の症例報告を行うと、その話を聞きつけた記者が取材に訪れた。同28日には、「日本にも睡眠薬の脅威　奇形児七例のうち五人の母親が服用」と題する記事が読売新聞に掲載された。Z社が市場に残っているサリドマイド剤の回収を決断したのは、さらに2週間後の9月13日であった。

　サリドマイドが先天異常を引き起こすおそれがあると指摘された以上、製薬会社や薬務行政担当官としては、真相が解明されるまで薬品の販売を停止するか、少なくとも妊婦が服用した場合のリスクについて消費者に警告するなどの措置を講ずべきであった。米国では同年8月4日にケルシー博士が大統領市民勲章を授与されていたことと考え合わせると、日本での対応のあまりの鈍さに嘆息を禁じ得ない。

　おそらくZ社では、ドル箱に成長したサリドマイド剤の販売を中止することは避けたいと考えていたため、希望的観測の罠に嵌ってしまったのではないだろうか。当時は、サリドマイドの副作用を否定する研究者も少なくなく、動物実験でも催奇形性は認められなかった。都合の良い情報にばかり着目し、都合の悪い情報を無視すれば、それから導き出される結論にもバイアスがかかるのは当然だ。

　さらに、そうした偏向を助長する要素として、「サラリーマンの習性」についても指摘しておこう。上司が特定の結論を強く期待している場合には、そうした報告をしようと部下が「努力」してしまうものだ。書類いじりに慣れた部下であれば、いかにも客観的な分析であるかのように装いつつ、上司の期待どおりの報告書を作り上げるなどお手の物である。

　部下とは常に上司の顔色をうかがうものなので、この点について部下を叱っても意味がない。変わらなければいけないのは上司自身である。「子は親を映す鏡」ということわざがあるが、経営的には「部下は上司を映す鏡」なのである。普段から上司自らが、「リスク管理の視点から、むしろネガティブな情報を積極的に報告せよ」と口やかましく部下に指導するようでないと、こうした偏向報告は避けられないと心得るべきだろう。

163

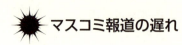 マスコミ報道の遅れ

　前述したとおり、Z社がサリドマイド剤の回収を決めたのは、薬害が新聞報道されたためであった。ドイツのX社も同様に新聞報道を契機に決断しており、マスコミの影響力の大きさを如実に示している。

　その一方で、日本で報道されるまで時間がかかりすぎたとの感は否めない。レンツ教授の警告が行われた1961年11月以降、サリドマイド問題は欧州で大きなニュースとなり、新聞社の欧州特派員もそうした記事を日本に送信していた。翌年2月には、有名なTIME誌がこの問題を取り上げたことで、日本でもマスコミが取材のために厚生省を訪れるようになった。ところが、国内で報道されるには、さらに3ヶ月もの時間を要したのである。

　日本における最初の報道は、Z社の出荷停止措置に伴って1962年5月17日に朝日新聞が「自主的に出荷中止　イソミンとプロバンM」との記事を掲載したことであった。その一方で、この記事は、あくまで自主的に出荷を停止しただけで、副作用についての科学的裏付けはないと説明し、Z社の主張をなぞった内容になっていた。

　それどころか、翌18日の朝日新聞記事には、「妊娠中の婦人で睡眠薬を使用された方はけっして心配することはない」との学識者のコメントや、「イソミンが今後も薬局で売られることは差支えない」とのZ社社長のコメントを引用している。薬害について警鐘を鳴らすという点では、極めて不満足な内容と言わざるを得ない。

　結局のところ、日本でも被害が発生しているとの「証拠」を梶井講師が突きつけるまで、マスコミは本格的な報道を差し控えていたのだ[11]。当時は、薬品広告に対する規制が甘かったため、薬効を謳う広告がさかんに紙面に掲載され、新聞社の広告料収入の1割以上が薬品関係であっ

---

[11] 5月18日の朝日新聞記事には、「（新聞各社が）早くもこの情報をつかんでいながら、いたずらに世間をさわがせないよう慎重に調査を続け、今日の出荷中止措置に当面して、はじめて記事とした新聞の報道関係者に敬意を表したい」という有識者のコメントが掲載されている。つまり、マスコミは情報を早期に掴んでいたが、出荷中止になるまで報道を見送ったということであり、マスコミの製薬会社寄りの姿勢をはしなくも暴露している。

たという。いわば「お得意様」の製薬業界に対する遠慮から、薬品関係の記事には特に慎重になっていたようだ。

　日本のマスコミは、「ジャーナリズムの使命」や「報道の自由」を標榜する一方で、相手方から訴訟を起こされたり、広告を打ち切られたりする恐れがある場合には非常に弱腰である。そうした差し障りのある案件については「報道しない自由」を行使し、誰の目にも形勢が明らかとなった段階でおもむろに報道を始める。要するに、「喧嘩すぎての棒ちぎり」というわけだ。オウム真理教事件のときにも、何かにつけて訴訟をチラつかせる教団側に対してマスコミが迎合的になり、ついには坂本弁護士一家殺害事件の引き金となったTBSビデオ提供問題に発展したことを忘れてはならない。

 傍観者に徹した厚生省

　国民の健康を守る立場の厚生省は、サリドマイド問題にどのように対応したのだろうか。当時の厚生省のスタンスは、「サリドマイド問題は製薬会社側で自主的に解決すべし」という非常に消極的なものであった。1961年11月にレンツ教授の警告が行われた後も、独自に情報を集めようとせず、Z社からの資料提供に完全に依存していた。

　Z社が1962年5月に出荷停止を決めた際にも、厚生省では、薬剤の回収をZ社に要求することなく、医療関係者や国民に向けて薬害の可能性を訴えることもしなかった。それどころか、都道府県の衛生担当部署に発した通達では、「サリドマイドと奇形児の出産について科学的な根拠はなく、出荷停止措置は慎重を期するために行われたものである」と説明している。薬害の可能性をことさらに軽視した内容であり、これでは各県の取り組みが疎かになってしまうのは当然であろう。

　1962年7月に梶井講師が国内でのサリドマイド被害について発表した後も、厚生省は、自ら回収に乗り出すどころか通達さえも出さず、一切を製薬企業まかせにしていた。その結果、回収作業は非常に不徹底となり、驚くべきことに、1971年時点でも一部の病院にはサリドマイド剤

が残っていたという。ちなみに、家庭の薬箱に残っていたサリドマイド剤の回収はまったく行われていない。

このように傍観者に徹した厚生省の対応ぶりについて、サリドマイド福祉財団顧問の木田盈四郎医師は、「国民の生命を守ることを忘れた無責任な体質」（『サリドマイド物語』v頁）と批判した。また、ジャーナリストの平沢正夫氏は、歴代の薬品行政担当者が製薬企業に天下りしている慣行をとらえて、「副意識の中の贈収賄関係」（『あざらしっ子』183頁）と批判している。いずれの指摘も重く受け止めなければいけないが、筆者としては、次に述べる「決断からの逃避」が最大のポイントではないかと感じている。

先送りは「今は何もしない」という決断

岡山大学の津田敏秀教授は、レンツ教授が作成した症例データ（表1）を学生に提示し、「自分が担当行政官の立場であったら、このデータに基づいて回収命令を出すか」と質問した。すると、「回収命令を出す」と回答した学生は半数以下であった。残りの学生は判断に迷い、「もう少し検討したい」とペンディングにしたという。

津田教授は、「このような場面で「もう少し検討する」ということは、その時点で「回収しない」という選択肢を選んだのと同じことなのである。（中略）明瞭なデータがあっても、人はしばしば「因果関係がわからない」としてその時点での「対策をとらない」方を選択しがちなのである」（『市民のための疫学入門』86頁）と解説している。要するに、決断という重責に直面したとき、そこから逃避してしまう人間は決

表1　レンツ教授の症例データ

	母親が服用	母親が非服用	計
症例群（奇形あり）	90人	22人	112人
対照群（奇形なし）	2人	186人	188人

して少なくないということだ。

　決断をすることが怖いから、傍観者の立場から動こうとしない。また、情報が集まったら決断を迫られることになるので、積極的に情報を求めようともしない。そうして時間を稼いでいるうちに、関係者の間でコンセンサスが次第に形成されるだろうから、それに乗っかればよいという自己保身である。

　過去の企業不祥事でも、決断を先送りしたことが損害の拡大につながったケースは枚挙にいとまがない。将来的に重大な損害が発生するリスクを認識したとしても、現時点では「可能性」にすぎない。その「可能性」に備えて対策を実施すれば、そのための負担が現時点で発生する。リスク管理の素人は、そうした負担を「もったいない」と感じてしまうのだ。

　たとえ対策を実行して損害を未然に防いだとしても、それを成果として認めてくれる者は少ない。逆に「彼奴が大袈裟に騒ぎ立てたのでムダ金を使った」と陰口を叩かれる。そうなるくらいならば、「もう少し検討しよう」と先送りしたくなるのが人情というものかもしれない。しかし、津田教授が指摘したように、決断を先送りするのは、「現時点では何もしない」という決断と変わりないのである。

　決断に先立って、関連情報を収集するのは当然のことだ。しかし、リスク管理の分野では、100%確信を持てるほどの情報がなかなか集まらないのが現実である。そういう場合に、十分な情報が集まるまで決断を先送りしたくなるが、対応を放置すれば事態のさらなる悪化を招来するだけである。「巧遅は拙速に如かず」ということわざのとおり、リスク管理では「拙速」のほうがはるかに有効なのだ。決断することを怖れて、「もっと情報がないと決断できない」と言い訳する輩は、そもそも人の上に立つ器ではないのである。

　1980年代に多数の血友病患者にエイズを感染させた薬害エイズ事件でも、やはり「決断からの逃避」が被害拡大の一因となっている。ちなみに、この薬害エイズ事件を引き起こした製薬会社の社長は元厚生省薬務局長で、かつてはサリドマイド問題の担当者であった。

「反省」という言葉を安易に口にするだけで、失敗の本質を見極めようとしない愚かさにより、悲劇が繰り返されるのである。サリドマイド被害者の白井のり子さんは、「(国や製薬企業は、事件が発生した時に)二度とこんなことを繰り返してはならないと言っていたのに、未だに薬害問題は後を絶ちません。わたくしたちの犠牲はいったいなんだったのでしょうか」(『典子44歳、いま、伝えたい』18頁)と語っている。

悲劇を生むのは人間、防ぐのも人間

1965年、ハンセン病の患者の約6割に発生するENL（らい性結節性紅斑）という急性症状にサリドマイドが有効であることが発見された。ENLの激しい痛みのため睡眠不足に陥って苦しむ患者に、睡眠薬としてサリドマイドを投与したところ、症状が劇的に改善したのである。

その後の研究により、サリドマイドが身体の過剰な免疫反応を抑制して炎症を鎮めることが判明した。今日でも、ENLに対してサリドマイドほど効果のある薬品はなく、多くのハンセン病患者を救っている。同様に過剰な免疫反応によって引き起こされる悪液質（ガンやエイズで発症する急激な体重減少）に対しても、サリドマイドは有効であることが分かっている。

さらにガンに対しては、サリドマイドの別の作用も着目されている。サリドマイドが先天異常を引き起こすのは、胎児の手足の血管の成長を抑制するためと考えられている。ガン細胞は、急激に増殖するときに栄養補給のための血管を新たに作り出すが、それをサリドマイドで阻害することでガンを抑え込むのである。

このように難病に対するサリドマイドの効用が次々と明らかになり、特に1980年代以降はエイズの流行により需要が急増した。その一方で、多くの国々で禁止薬物とされていたため、サリドマイドの製造を続けていた中南米諸国からの「密輸」に頼っていた。この状況を放置すれば、誤った服用により再び薬害が続発するおそれがあった上に、保険の適用を受けられないので患者の金銭的負担も極めて重くなっていた。

第17講　サリドマイド薬害事件

　こうした情勢を受けて、FDAではサリドマイドの取り扱いについての議論を1994年に開始した。1997年秋に開催された特別会議の場で、薬害被害者の一人ランディ・ワーレン氏は、「苦しみを知っている私たちは、苦しんでいるほかの人々が、より質の高い命、より長い命を送るのを否定することはできません」（『神と悪魔の薬サリドマイド』244頁）と表明した。

　難病に苦しむ人々に同情して薬害被害者が反対を控えたことにより、1998年にFDAはサリドマイドをあらためて承認するに至った。今日では、100を超える症状にサリドマイドが処方されている。その多くは自己免疫関係の疾患であるが、その他にも患者数が少ない特異な病気が対象とされている。こうした病気については研究が難しい上に、製薬会社もビジネスにならないと手を出さないため、サリドマイドが唯一の希望となっているのだ。

　結局のところ、サリドマイドは化学物質の一つにすぎず、それを「良薬」とするか「毒薬」とするかは取り扱う人間にかかっている。読者の皆さんが供給している商品やサービスも、取り扱いを間違えるととんでもない悲劇を引き起こすかもしれない。そうした恐れを常に意識することが、不祥事を防止するための第一歩なのである。

教訓

　第三者の立場であれば、いくらでも威勢のよい台詞を吐けるものだが、いざ自分が当事者になると、大抵の人間は保身にはしってしまう。周囲の圧力に抗して「No」と言うためには、強い意志と豊富な経験が不可欠であるが、そうした人物はごく少数にすぎない。言い換えれば、そうした得難い人材＝「No」と言える人をどのように育成し、活用していくかが、組織の健全性を将来にわたって維持できるかどうかのポイントとなるのである。

169

参考資料

- 栢森良二（1997）『サリドマイド物語』医歯薬出版
- 川俣修壽（2010）『サリドマイド事件全史』緑風出版
- 白井のり子（2006）『典子44歳、いま、伝えたい 「典子は、今」あれから25年』光文社
- 津田敏秀（2003）『市民のための疫学入門』緑風出版
- トレント・ステファン、ロック・ブリンナー（2001）『神と悪魔の薬サリドマイド』日経BP社
- 平沢正夫（1965）『あざらしっ子』三一書房
- 藤木秀雄・木田盈四郎編（1974）『薬品公害と裁判 ―サリドマイド事件の記録から―』東京大学出版会
- 増山元三郎編著（1971）『サリドマイド』東京大学出版会
- 山本明正（2015）『世界最大の薬害 サリドマイド事件 ―日本の場合はどうだったのか―』Akimasa Net（電子書籍）

第4章

企業は人なり

第18講

傍観者となった社員たちが企業を滅ぼす

―『どうにかなろう』は破滅のキーワード―

 潜在的原因の解消には組織改革が不可欠

　世間やマスコミは、不祥事の当事者を糾弾するのが常である。その背景に存在するのは、「『悪人』だから不祥事を起こした」という発想だ。

　しかし、研究者として申し上げると、日本における不祥事の多くは、組織内のいろいろな事情（筆者は「潜在的原因」と呼ぶ）によって、問題行動が誘発・助長されたものだ。その当事者は必ずしも『悪人』ではない。ちょっといい加減で、周囲に影響されやすく、すぐに惰性に流れ、目先のことばかり気にする普通のサラリーマンたちである。

　結果として彼らは不祥事を起こしたが、他者との間に明確な一線が引かれているわけではない。ほとんどの人は、彼らと同じ立場に置かれれば、やはり同じことをするだろう。だからこそ、不祥事を他山の石として、その教訓を学ばなければいけないのだ。

　組織内の様々な潜在的原因が有機的に複合して不祥事を引き起こす以上、その当事者を咎めるだけでは意味がない。潜在的原因そのものを解消していくことが必要となるが、なかなかそれが出来ないために、同種の企業不祥事が延々と繰り返されてしまうのである。

　潜在的原因の解消が進まない理由として第一に挙げられるのは、関係者にとって大きな負担を伴うことだ。

例えば、社内教育の不足が不祥事を引き起こしたケースを考えてみよう。「だったら教育をしっかりやるだけではないか」と安易に考えてはならない。そもそも社内教育が重要であることは誰でも知っているのに、どうして上手くいかないのだろうか。

その事情として思いつくものを列挙していこう。ベテランの大量退職によって、実務に則した社内教育を行う者が少なくなった。成果主義が導入され、誰もが自分の実績評価に直結する仕事に執心するあまり、後輩への指導が疎かになった。コンプライアンス部門が社内教育の実施回数ばかり重視するので、教育の中身が工夫されずにマンネリ化した。「社内教育はあくまで建前で、会社側の本音は別にある」という意識が社員の間に蔓延した……等々。

ざっと見ただけでも、社内教育の不足の背景に存在する潜在的原因が非常に根深く、その解消が一筋縄ではいかないことをご理解いただけるだろう。

ベテランを再雇用すれば、それだけ若手の採用が抑制されて組織が老化する。いったん鳴り物入りで導入した人事評価制度を改変するのは、社内政治の関係で至難の業である。社内教育の回数でなく「質」を向上させようとしても、いったいどうやって教育の「質」を見極めたらよいのだろうか。ましてや組織文化の改革には、最低でも10年はかかると覚悟したほうがよい。

実際のところ、不祥事が発生した企業では、「当事者個人に安全意識や倫理観が不足していた」というストーリーでお茶を濁しているケースが非常に多い。要するに、個人的問題を矢面に掲げることで、大きな痛みを伴う組織改革から敢えて目を背けているのである。

中間管理職の質的劣化

潜在的原因がなかなか解消されない理由の第二は、突破力のある中間管理職が少なくなったことだ。

組織改革に対して消極的に抵抗する社内勢力は必ず存在する。逆に言

第4章　企業は人なり

えば、そうした抵抗勢力を無理やり引きずっていくほどのイニシアティブを発揮しなければ、組織改革は成功するものではない。

　残念ながら、日本型組織ではいまだに調整型の人物がトップに就いており、組織改革についても抽象的な理念を示すだけで、後はボトムアップにお任せとなってしまうことが多い。しかし、中間管理職の中に突破力を発揮する者がめっきり減ってしまったため、困難な課題ほど先送りされ、現状を糊塗する弥縫策が採用されがちである。

　この中間管理職の質的劣化を筆者が思い知らされたのが、懇意にしているＡ社の中途採用試験に同席させてもらった時のことだ。

　募集ポストは電機系の技術管理職で、Ａ社では即戦力となる人材を求めていた。試験会場に集まったのは40代の男性5人で、履歴書を見ると、いずれも日本では知らぬ者がない大手家電メーカーで管理職のポストに就いていた方である。

　試験内容は、Ａ4紙1枚のケーススタディについて、全員で1時間ほど議論してもらうという方式である。高い経験値を持つ受験者ばかりなので、さぞかし熱のこもった討議になるだろうと筆者も期待した。ところが、いざ議論が始まると、皮相的なところを行きつ戻りつするだけで、いっこうに内容が深化しない。そのままだらだらと1時間が過ぎ、結局は全員不採用となった。

　筆者は、面接者の奥山典昭・概念化能力開発研究所代表に、「あれだけの経験を持つ方たちなのに、どうしてあの程度の議論しかできなかったのでしょうか」と疑問をぶつけた。それに対する奥山氏の回答は明解だった。

　「経験が長いかどうかは関係ありません。日々の仕事を通じて、情報を選別して思考する能力をどれだけ磨き上げてきたかが問われているのです。あの短いケーススタディでさえ手に余るのであれば、これまで困難な課題から逃げ続けてきたということでしょう」

　奥山氏によると、過去の中途採用試験でも、即戦力となる人材は20人に1人しかいないそうだ。その背景としては、バブル崩壊後の日本企業では、経営が慎重になり過ぎてリスクを伴う業務が敬遠されたこと

174

や、仕事のマニュアル化が進んで自分の頭を使う機会が減ったことなどが挙げられよう。

わかりやすく言えば、厳しい現実に背を向け、ずっとぬるま湯に浸かってきたということだ。「失われた20年」とは、政治や社会の話だけでない。個々の企業でも、人材の弱体化が進展していたのである。

『どうにかなろう』が国を滅ぼす

今でも、組織改革のイニシアティブを取ろうとする中間管理職がいないわけではあるまい。しかし、改革に消極的な「抵抗勢力」の比率が増えた結果、改革のエネルギーはいたずらに消耗される。熱意のある20%の者が残り80%の抵抗勢力を突破するのと、10%の者が90%の抵抗勢力を突破するのとでは、その難易度には雲泥の差がある。

かくして組織改革の困難度が高まるに連れて、傍観を決め込んで抵抗勢力の一部と化してしまう者が加速度的に増えていく。組織の活力が失われるとはそういうことだ。もちろんそれは、不祥事対策に限った話ではない。

江戸時代末期の幕臣・小栗忠順は、欧米諸国との条約交渉、幕府の財政再建、洋式軍隊の整備、横須賀製鉄所の建設など様々な分野で活躍し、徳川幕府の屋台骨を懸命に支え続けた。その志むなしく幕府崩壊のときを迎えると、小栗忠順は「一言で国を滅ぼす言葉は『どうにかなろう』の一言なり。幕府が滅亡したるはこの一言なり」と述懐したという。

重要な問題が山積していることは誰もが分かっている。しかし、多くの者は自らのルーティーンに逃げ込み、『どうにかなろう』と傍観を続ける。そうした消極姿勢は、詰まるところ前例踏襲そのものであって、改革のイニシアティブを取ろうとする者の足を引っ張り、挫折に追い込む。そうして時日を遷延しているうちに、いつか組織が破断界に達してしまうというわけだ。

日本社会が現在直面している課題は、財政赤字、年金問題、少子高齢

第4章　企業は人なり

化、エネルギー問題など、いずれも20世紀からの懸案ばかりである。これらの問題の解決に時間がかかるのはやむを得ないとしても、いまだに解決の糸口さえつかめていないのが現状であろう。まさしく、我々の自己改革力の衰えを示すものだ。このように同じ課題をいつまでも引きずり続けているケースは、個々の企業にも少なくないのではないか。

筆者は、「そもそも日本はそういう国なのかもしれない」という諦観を抱きつつある。大きな変革の時から数十年は繁栄が続くが、その間に社会や組織の動脈硬化が進み、やがては停滞の時代を迎える。そして、戦国時代や幕末のように、否応なく変革を迫られる時期まで、その停滞が継続するというわけだ。

明治政府が1868年に成立した後、1931年の満州事変で日中戦争の泥沼に踏み込むまで63年間であった。現代日本のスタートを1945年の終戦とすると、それから数えて63年後は2008年である。その意味では、我々はまさに停滞期に足を踏み入れているのかもしれない。それを社会的な気分として表現したものが、例の「閉塞感」という言葉ではないだろうか。

その一方で、「そんな取ってつけたような歴史観などクソ喰らえだ」という反発心も胸の裡にある。歴史がどうであろうと、我々は今を生き続けなければいけないのだから。

まずは、我々を取り巻くものが好ましくない方向に流れつつあるのを直視しよう。そして、「お前たちがしっかりしないからだ」と他者に責任転嫁するのはもう止めよう。一人ひとりがそれぞれの立場で流れにあらがい、それを少しでも押し返そうと努力しようではないか。我々は傍観者ではなく、今という時代の当事者なのだ。

教訓

老舗の日本企業の中には、グローバル競争で次第に地歩を失いつつあるにもかかわらず、先達が築き上げた財産に胡坐をかき、危機感が希薄な企業が少なくない。口先では「大変だ大変だ」と繰り返すものの、ど

こか他人事のような感じで、具体的なアクションには結びつかない。要するに、『どうにかなろう』と甘えているのである。企業は、情勢の変化によって滅びるのではない。情勢の変化に対応できないという内的問題により自滅するのだ。

第19講

新参者が事故に遭いやすいことに注意せよ

―現場のコミュニケーションは大丈夫か―

 「現場に不慣れ」とはどういうことか

　筆者は、講演や勉強会などの機会を通じて、民間企業や公的機関のリスク管理担当者と情報交換をしている。そうして得られた断片的な情報がいくつも重なり合うと、リスクの正体が浮かび上がってくることがある。その一例として、「新参者が事故に遭う」という現場の経験則をご紹介しよう。

　その発端は、建設関係のA社からうかがった話だった。ある大規模工事の現場で、労働災害の発生件数がいきなり倍近く跳ね上がったが、翌月には以前の水準に戻ったという。その理由についてA社では、工事の進捗の関係で作業内容が大幅に切り替わって、現場に不慣れな下請業者が一時的に増えたせいではないかと分析していた。

　何かにつけてこだわるタイプの筆者は、その説明だけでは納得できなかった。そもそも「現場に不慣れ」とはどういうことか。初めての作業現場で勝手がよく分からないという事情はあるにせよ、それだけで事故件数が倍増するものだろうか。

　筆者の疑問が解けたのは、たくさんの路上工事を手掛けているB社と懇談していた時だった。B社では労働災害の予防に熱心に取り組んでいたが、なかなか件数が減らない。そこで、事故の発生状況について様々

なデータを収集して統計的に分析したところ、事故に遭いやすい労働者の特徴が判明した。

その特徴とは何だろうか。読者の皆さんは、「経験年数（熟練度）が少ないこと」を思い浮かべたかもしれないが、経験年数では有意な差は見られなかった。B社の分析で明らかになったのは、当該工事現場で働くようになって日が浅い労働者、つまり『新参者が事故に遭う』という結果であった。

この分析結果をどう解釈するかについて、B社の担当者と話し合ったところ、現場におけるコミュニケーションの問題にたどり着いた。新参者は現場のコミュニケーションの輪から外れているため、周囲から危険情報をあまり入手できず、また、危険回避のための連携行動を取りにくいことが原因ではないかと見当を付けたのである。

 ## コミュニケーション不足が事故に結び付く

ちょっとした路上工事でも、業者数が3～4社、労働者が十数名になる。大規模工事であれば、それぞれ数十社、数百名に達するだろう。そうした中での打ち合わせの不足や連絡ミスが事故に結び付くことは容易に想像がつく。

しかも現場における情報交換では、フォーマルな文書のやり取りよりも、インフォーマルなコミュニケーションの比重がはるかに高い。そして、インフォーマルなコミュニケーションは互いの親密度に比例するため、新参者が入手できる情報量は相対的に少なくなる。「うしろの配線に気をつけて」「あそこの足場が少しぐらつくよ」といった断片的な危険情報が不足しがちなので、事故に遭いやすくなるというわけだ。

また、現場で危険を回避するには、他者に手助けしてもらったほうが良いケースが少なくない。そういう時に、「すまないけど、少し力を貸してくれないか」と頼みごとをできるかどうかは、やはり普段のコミュニケーションにかかっている。

その実例として、C労働基準監督署管内で発生した転落死亡事故を紹

介しよう。被災者は、その建設現場では新参者であった。とくに注目されたのは、安全な経路が他にあったのに、わざわざ転落の危険性がある経路を通行していたことである。

C労働基準監督署の調査によると、事故当時、安全な経路は別の作業のため塞がっていたらしい。それでも、「ちょっと通してくれるか」と頼めば済む程度のことだった。ところが、新参者という立場のために遠慮して、敢えて危険な経路を通ったので転落してしまったと推察されている。

以上のように、ベテランであるかどうかにかかわらず、新参者という立場が安全管理上の重大なリスク要因となり得ることに、現場監督者は留意すべきであろう。

 良好な人間関係が事故防止の基礎

危険情報の提供や危険回避のための頼みごとは、一件ずつ見れば実に些細な「声かけ」にすぎない。しかし、こうした「声かけ」の励行が長期的には大きな違いをもたらす。

「声かけ」が実際に役立つ確率を1万件に1回（=0.01%）と仮定しよう。毎日20件の「声かけ」を1年間（実労働日数250日）続けると5,000件/年であり、労働者1人当たりに換算すれば、「声かけ」が役立つ確率は50%/年となる。毎日100人の労働者が働いている企業であれば、「声かけ」によって年間の「ヒヤリ・ハット」の数が50件も違ってくる。労災事故も4～5件は減らせるはずだ。

こうした認識のもとに、「声かけ」の活発化に取組んでいる事業者も少なくない。ただし、単に「声かけ」を奨励するだけでは、あまり効果は期待できないだろう。

そもそも日常的なコミュニケーションが不十分な現場では、「声かけ」が活発に行われるわけがない。ろくに会話をしたこともない相手に対し、「○○に気をつけて」という危険情報だけはさらっと言えるという人は少ないはずだ。

第19講　新参者が事故に遭いやすいことに注意せよ

　「声かけ」の活発化には日常的なコミュニケーションの改善が不可欠であり、そのコミュニケーションの基礎となるのは人間関係である。迂遠なようだが、現場で良好な人間関係を築くことが事故防止に役立つ。
　残念なことに、近年の作業現場では、むしろ人間関係が希薄になりつつある。下請業者をもっぱらコスト面から選別しているせいで、現場での新参者の比率が増え、安定的・継続的な人間関係の形成が難しくなっているのだ。その結果、現場でトラブルが多発して予定外の出費がかさんだり、労働災害が増加したりといった事態が生じている。
　経理サイドからすれば、「我々はコスト削減のために努力しているだけだ。トラブルや事故の防止は現場監督者の仕事である」という理屈だろう。しかし、部分最適の集合は、必ずしも全体最適とはならない。現場でのトラブルや労災の処理が、最終的に企業側の負担になる以上、トータルコストの観点から下請業者を選別するという発想が必要ではないだろうか。

教訓

　「新参者が事故に遭う」→「危険情報の提供が必要」→「「声かけ」の励行には日常的なコミュニケーションが不可欠」→「現場での安定的・継続的な人間関係の構築」という論理の連鎖は非常に分かりやすい。しかし、「現場での安定的・継続的な人間関係の構築」を進めようとすれば、コスト削減のために長期継続的な下請関係を切り捨てるという近年のアウトソーシングの流れに逆らうことになる。言い換えれば、組織内の構造的問題を直視する覚悟がなければ、不祥事の根本的な解決はできないということだ。

181

第4章 企業は人なり

第20講
韓国企業の研修生による技術窃盗事件

―価値観が異なる外国人に日本人の善意は通用しない―

 かつては日本も技術を盗んでいた

　司馬遼太郎氏の名著「坂の上の雲」には、日本海海戦で日本側の砲弾に充填されていた下瀬火薬が極めて高い爆発力を発揮したことが記されている。小説のハイライトシーンなので、ご記憶の読者も少なくないだろう。

　この下瀬火薬の成分はピクリン酸と呼ばれる物質で、海軍技師下瀬雅允（しもせまさちか）が発明したとされている。しかし実際には、フランス人技師が発明した「新型火薬」のサンプルを分析し、その主成分がピクリン酸であることをつきとめて国産化したというのが事実であるようだ。また、ピクリン酸の大量生産技術についても、ドイツ人技師と技術供与契約を結んだにもかかわらず、その代金を支払っていない。

　いずれも知的財産権の侵害と言わざるを得ないが、こうした話は、戦前の日本では珍しくなかった。当時の日本は発展途上国であって、欧米の先進技術を喉から手が出るほどに欲していたが、高額の技術使用料を支払う余裕がなかったのだろう。

　それに対して今日の日本は、様々な技術を蓄積したことで、知的財産権の保護を求める側に転じた。しかし発展途上国の企業には、かつての日本のように、対価を払わずに技術を盗用したいという密かな願望が存

在することを忘れてはならない。今回は、技術を盗まれた失敗事例として、川崎重工業のケースをご紹介することにしよう。

 ## 研修生による技術窃盗

　鄭周永氏は、韓国の現代財閥の創業者で、朝鮮戦争後の「漢江の奇跡」と呼ばれる韓国経済急成長の立役者の一人である。今日では、韓国造船業は世界シェアの3割を占めるまでになったが、その端緒は、鄭氏が1972年に現代重工業を創立したことである。

　当時の韓国には造船業の基盤がゼロに等しかったため、造船所の建設に当たっては、川崎重工業が技術協力を行った。さらに川崎重工業は、その後もタンカーの設計図を提供するとともに、技術者を派遣して技術指導を続けた。しかし現代重工業側は、必ずしも恩義を感じていなかったようだ[12]。

　2007年5月21日に韓国のニュースサイト「views & news」に「30年前の鄭周永の技術泥棒と現在」と題する記事が掲載された。この記事は、同サイトのパクテギョン代表・編集局長が執筆したもので、「90年代初め、記者は現代重工業創立の時の部下に会い、外部にほとんど知られていない秘密の歴史を一欠片聞くことができた。いわば「泥棒の秘密の歴史」だ」として、技術窃盗の内幕を暴露した。

　当時、川崎重工業は、現代重工業から2人の研修生を1年間という期限付きで受け入れた。同記事によると、この2人は、「なんでも助けになることはすべて持って来い」という特命を受けており、「不法行為も厭わなかった」という。

　「当時、日本では1ヶ月に1回、韓国の民防衛訓練と同じような地震退避訓練を受けていた。サイレンが鳴ると全職員が待避所に退避しなけれ

---

[12] 川崎重工業の技術協力については、「KS海友フォーラム　造船における技術協力よもやま話Ⅱ」に写真付きで詳しく説明されている。しかし、鄭周永氏の伝記『韓国経済を創った男』では、「歴史を振り返ってみると、日本側に資金・技術協力を断られたことで、鄭の今日の造船所が隆盛し、運命が韓国に味方したのかもしれない」（同26頁）と日本を誹謗するだけで、川崎重工業から技術協力を受けたことに関してはまったく記述がない。

ばならなかった。この時、現代造船の2人はトイレに隠れ、誰もいなくなった隙にトイレから出て、K造船（川崎重工業のこと）が見せてくれなかった設計図をこっそり取り出してコピーした。また、退社の際にもモンキースパナを1本、こっそり上着の中に入れて帰った。それは、造船所でボルトを締めるときに使っている一般的なモンキースパナとは違ったからだ。こうして集めた資料を次々と韓国に送った。この時に送った資料は、コンテナ2台分に相当する量をはるかに超えていたと当時の部下は伝えた」と同記事は述べている。

　ここで「設計図」とあるのは、個々の船舶の設計図だけではない。船舶に作用する様々な力を解析した設計計算書や、設計時の検討過程を記した設計根拠などの資料類を持ち出したようだ。また、特殊工具類も、材質や形状、用法などに現場の知恵が詰まっている。かくして現代重工業は、何十年にもわたって川崎重工が蓄積してきたノウハウをそっくり手に入れたのである。

　同記事は、「技術泥棒は、事実上、国際的に常習的に行われている。（中略）経済大国への参加を夢見ている新興国も同じだ。そして韓国も同じであった」「このような過程を経て今、現代重工業は日本の錚々たる造船所を押しのけて、世界1位の座に上り詰めることができたというわけだ」と述べ、悪びれたところはまったく見られない。これが発展途上国のメンタリティなのだろう。

経営者に対する接待攻勢

　鄭周永氏は、造船所設立に当たって初めは三菱重工業に技術支援を依頼した。しかし、技術流出を懸念した三菱側が断ったため、あらためて川崎重工業に依頼したという経緯があった。つまり、技術流出のおそれがあることは当時も分かっていたのに、どうして技術協力に踏み切ったのだろうか。

　当時の海運業界は好況で、海運会社は大型タンカーの追加建造を強く要請していたが、川崎重工業には船台の空きが無かった。そこで、下請

として現代重工業を利用するために技術協力に同意したのである。わかりやすく言えば、当座の仕事のことだけを考えて、手強い競争相手を育ててしまう愚を犯したことになる。

研修生の件については、現代重工業側の意図が丸見えで、川崎重工業も受け入れには消極的だったが、それを覆したのが鄭周永氏の手腕だった。

先ほどの記事には、「鄭周永会長の生前のあだ名は「寄生」だ。自己の目的を達成するためには、相手の肝臓も胆嚢もすべて奪うまで接近するからだ。この頃から鄭会長は、普段から親交が深かった日本のK造船の会長に誠心誠意つくし始めた。相手が心を開いて落ちるまで念入りに誠意をつくした。とうとう、果てしなく続く接待に申し訳なく思ったK造船会長が「何か手伝えることはないか」と話を切り出した。この時、鄭会長がお願いしたのは、「2名の研修生をK造船で1年間だけ受け入れていただきたい」というお願いであった。K造船会長は、軽くこの依頼を受け入れた」とある。つまり、接待攻勢によって、川崎重工業の経営トップを陥落させたのである。

「1年間」と敢えて期間を区切ったのは、相手を安心させるための交渉術であろう。川崎重工業の関係者も、1年間という短期間であれば、それほどの技術流出はないと踏んだようだ。しかし、前述したとおり、なりふり構わぬ泥棒をされたのではどうにもならなかった。

損得勘定を考えると、100億円に相当する技術を盗むためであれば、接待に10億円使っても惜しくはない。日本人は概してお人好しなので、あれこれ接待されると申し訳なく感じて、「何かお返しをしなければ」という気持ちを抱きがちである。

さらに、途上国企業のワンマン経営者は、賄賂の提供やハニートラップを仕掛けるなどなりふり構わぬところがある。筆者の聞いた話では、今日でも、某国との合弁企業に目付け役として送り込まれた日本人社員が、合弁パートナーの手練手管で籠絡されて"ズブズブに"なってしまうケースが珍しくないそうだ。

どうして失敗が繰り返されるのか

かくして勃興した現代重工業は、「通貨であるウォン安を利用して安値受注を仕掛け、日本の造船業界は大打撃を受けた。もちろん、「最大のブーメラン効果」を引き起こした川崎重工に対しては同業他社からの怨嗟の声が渦巻いた」（日経ビジネス2010年11月8日号）とされる。

それにもかかわらず、川崎重工業では、最近も同様の失敗を重ねているようだ。中国高速鉄道に対して新幹線の技術を供与したところ、中国側は、わずかな変更を施しただけで「自主開発した独自技術」と強弁し、国際特許出願の手続きを進め、さらに世界各地の高速鉄道ビジネスで販売攻勢を仕掛けている。

「JR関係者の中には「合弁相手の中国の会社にE2系新幹線の設計図面を売った川崎重工業は許せない。何回も忠告したのに聞かなかった」との批判が今もある」（日経ビジネス2011年2月7日号）とされる。川崎重工業としては、中国高速鉄道の案件を受注するために技術供与はやむを得なかったと弁解するだろうが、重大な禍根を残したことは間違いない。

その一方で、川崎重工業がとくに脇の甘い会社というわけではあるまい。途上国企業への技術流出によるブーメラン効果に悩んでいる企業は枚挙にいとまがなく、近年になって対策がようやく講じられるようになったというのが実情である。

日本企業同士であれば、互いの信頼関係をビジネスの根底に据えるのは当然だろう。しかし、そうした価値観を海外企業は必ずしも共有していないという現実を直視すべきである。「信用していたのに裏切るなんて」と文句を言うのは、負け犬の遠吠えにすぎない。

さらに言えば、技術流出に経営側の判断ミスが関係していることも忘れてはならない。ご紹介した川崎重工業の2つの事案でも、経営者が目先の業績を追求したことが背景となっている。

日本の多くの上場企業では、経営トップが2期4年で交代することが慣例化しているが、4年という期間は、長期戦略が結実するには短すぎ

る。在任中に社史に載せるような成果を出そうと経営者が焦るところを、外国企業に付け込まれるというパターンが多いのではないだろうか。また、社内における経営者の権威が非常に強く、その判断に他の役員たちが唯々諾々と従ってしまうため、チェック機能が働いていないケースもあるだろう。

　そう言えば、近年、東レが最先端素材である炭素繊維の工場を韓国に設立することを受けて、技術流出についての懸念が囁かれている。それに対して東レ側は、韓国政府や地元自治体の優遇措置が期待できることや、中核技術であるアクリル繊維の生産工程は現地に移植しないので、技術流出のおそれはないと説明しているようだ。

　炭素繊維技術の「奥ノ院」を知らない筆者としては、この問題についてあれこれ申し上げることは避けておこう。ただし、過去の流出事案では、「まさかそこまでやるとは」と関係者が唖然としたケースが散見される。技術泥棒をする側も、自分たちの将来がかかっているのだから、必死に知恵を巡らせて様々な手を打ってくるのは当然であろう。その必死さを決して甘く見てはならない。

教訓

　日本は、島国のおかげで極めて同質性が強く、他者との信頼関係を基礎とする性善説の社会を構成しているが、グローバルスタンダードは性悪説であり、「騙される奴が馬鹿」なのだ。最近では、日本企業も高い授業料を払ったことで、ようやく自らの甘さに気付きつつあるが、それでも依然として非情になり切れていない。「どのような相手とも誠意を尽くせば分かり合えるはず」という青臭い思い込みを捨てる必要がある。

参考資料
- 河合敏雄（2012）『KS海友フォーラム　造船技術協力よもやま話II　川崎重工業「現代重工業」の巻』

第4章　企業は人なり

- 朴正雄（2004）『韓国経済を創った男』日経 BP 社
- パクテギョン（2007）「30 年前の鄭周永の技術泥棒と現在　―その時、日本には、お金を受け取って技術を持ち出す日本人はいなかった―」（views & news 2007年 5 月 21 日付記事）

第21講
トラブル山積の銀行窓販問題

―短期的業績のために信用をカネに換えてよいのか―

 ハイリスクな年金保険

　先日、私が主催する勉強会で企業経営者のA氏が「最近の銀行は信用できない‼『儲かりますよ』と騙されて、とんでもない金融商品を掴まされた」と嘆いていた。出入りの銀行員からしつこく勧められて購入したが、運用実績があまりにひどいという。そこで、証券のコピーをお預かりして分析してみることにした。

　この金融商品は、X生保がY銀行を通じて販売した「Z変額個人年金保険」（運用期間10年、米ドル建）である。A氏は、投資目的で2015年1月に1,000万円（84,000ドル）の保険金を支払ったが、同年末時点の説明文書を読むと、解約した場合の返還金額は850万円に減ってしまっている[13]。

　ドル建の基準価格が2割も暴落したことがその理由に挙げられている。Z保険の資産構成は、値動きの激しい米国債を6割も組み込んでいるハイリスク型で、利率の上昇（＝債券価格の下落）によるダメージが大きかったらしい。資産価値の保全が重要な年金保険でありながら、これほど偏った投資をしていることに驚かされた。

---

[13] 本稿では、当該金融商品や関係企業が特定されないように、数字を敢えて概数とした。

もう一つの、生保側があまり公にしたくない理由は、Ｚ保険を販売したＹ銀行が6％もの手数料を受け取っていることだ。Ｘ生保では、高額の販売手数料を支払った以上、早期の解約に対して大きなペナルティを課しているのだろう。

Ｚ保険は年金原資保証付き[14]なので、10年経てば元本は確実に戻ってくる。しかし、Ａ氏の経営する会社は中小企業で、いつキャッシュが必要になるか分からない。もしも途中で解約すれば、大損しかねないリスクを抱えていることになる。

さらに、Ｚ保険の運用手数料は年2％と高い。国民年金基金連合会での過去15年間の平均収益率が3.24％にすぎないことを考えると、投資収益の過半が保険会社への手数料に消えてしまうという笑い話のような事態になりかねない。

「こんな運用実績では、今後も投資収益など期待できませんね。1000万円という大金を10年間も塩漬けにしたと諦めます」と落ち込むＡ氏に筆者は追い討ちをかけた。

「この元本保証はあくまでもドル建の数字です。Ａさんの場合には84,000ドルですね。したがって、10年後に円高に振れていれば、為替差損が発生します。言い換えれば、Ｚ保険は為替リスクを顧客側に転嫁しているのですよ。それから、ドルを円に換える際に、1ドルに付き50銭の手数料がかかる仕組みであることもお忘れなく」。

もちろん投資は「水もの」であって、先々どうなるか分からない。Ａ氏が高収益を獲得する可能性もないわけではない。しかし、どちらかと言えば、顧客よりもＸ保険やＹ銀行にとって旨味のある金融商品であるようだ。筆者としては、自分の友人にＺ保険の購入を勧めようという気持ちにはとてもなれない。

---

[14] 主な投資対象である米国債は、途中の値動きは激しくても、満期まで保有すれば額面どおりの償還金額を確保できるためである。

✺ 目標達成のプレッシャー

保険会社の金融商品を銀行で販売する「銀行窓販」がスタートしたのは2001年である。当初は商品種目が限定されていたが、取扱い範囲が徐々に拡大し、2007年には全面解禁となった。2014年度の販売額は6兆円を超えたとされる。

全国銀行協会が実施した消費者アンケートによると、銀行窓販のメリットとしては、「複数の保険会社から選ぶことができる」「店舗が近くにあって便利」「銀行での他の用事のついでに相談できる」などが挙げられている。

しかし、光あるところには陰ができる。生保OBで銀行窓販分野を担当していたB氏から興味深いお話をうかがった。B氏によると、「保険を契約したという意識はなかった」「元本割れした」「こんな説明は受けていない」などの苦情が少なくないという。保険商品は長期保有が基本なので、まだ表面化していない潜在的なトラブルの種が沢山あるだろうとのことだ。

こうしたトラブルが発生するのは、顧客が保険商品のリスクを十分に理解せずに契約してしまうためである。一般の消費者は「銀行」という看板に絶大な信頼を寄せ、その行員もエリート揃いと認識している。しかし、金融業務がこれだけ複雑化してくると、銀行員といえども、あらゆる金融商品に精通するわけにはいかない。

B氏によると、保険商品に関する銀行員の知識は、生保の社員と比べると相当に見劣りするらしい。しかも銀行では様々な保険会社の商品を取り扱っているため、個別の保険商品に対する理解は浅くなりがちだという。知識不足の銀行員が販売に当たれば、ただでさえ顧客への説明が不十分になるのは避けられない。

それに加えて、銀行側の事情として、敢えて説明を不十分にしたり、顧客をミスリードしたりすることもあるようだ。近年、貸付業務の利鞘が縮小しているため、銀行では窓口販売による手数料収入に期待をかけている。その関係で、成果主義の業績目標として、保険販売の数値を高

めに設定していることが、無理な売り込みを助長している。

　支店長としては、支店に割り当てられた目標を達成しなければ、さらなる出世階段を昇ることはできない。また、支店長から発破をかけられる窓口担当は、エリートコースから外れた「窓際」の人が多く、目標未達だとリストラされるのではと戦々恐々としている。その結果、目先の数字を確保することが何よりも優先され、少し無理をしても成約につなげたいと考えてしまうのである。

　B氏によると、リスクについて詳しく説明すればするほど不安になる顧客が多いため、説明を敢えて省略しがちになるという。「保険」と聞くだけで身構えてしまう顧客に対しては、預金であるかのように誤認させて売りつけるケースもあるらしい。

　さらに、営業活動でターゲットとされているのは、定期預金が満期に近づいたお年寄りだという。銀行としては、貸付業務が低迷しているので、定期預金を解約して保険商品を購入してもらったほうが儲かる。お年寄りを狙うのは、もちろんリスクについての理解力が乏しいからだ。ある銀行員は、「高齢者は銀行の看板を信用しているので、すぐにハンコを押してくれるよ」とB氏に語ったという。

　筆者は、「そうした商売を続けていけば、いずれ苦情となって戻ってくるのは当然ですよね。どうしてそんな危ない橋を渡るのですか」と質問した。B氏によれば、販売後にトラブルが起きるまでタイムラグがあり、不適正な販売をした銀行員が苦情処理に当たるわけではないからだという。

　銀行員に異動はつきもので、一つの支店に2・3年、長くても5年もすれば別の支店や部署に異動となる。したがって、多少無理な販売をしてでも営業実績を上げ、その後始末は後任者にまかせて知らぬ顔を決め込めばよいと考えるのも不思議ではない。

✺ 悪貨が良貨を駆逐する

　こうした状況を銀行側も放置しているわけではない。窓口担当者の再

教育や販売マニュアルの見直し、パンフレットの改良など様々な対策を実施している。しかし、前述のように銀行側が窓口販売を強力に推進している以上、その効果は限定的と言わざるを得ない。

保険会社には、販売代理店である銀行を監督する義務があり、所定回数の監査を行うように規定されている。しかし保険会社側には、「銀行は保険商品を販売してくれる『大事なお客様』」という意識が存在するという。

生保業界全体の保険料収入に占める銀行窓販の比率が2割に達し、さらに成長し続けていることを考えると、そうした心理に陥ってしまうのも無理はない。保険会社は銀行に対して遠慮がちになり、監督が形骸化しているとB氏は自嘲した。

さらに懸念されるのは、保険会社が『大事なお客様』である銀行に迎合して、「銀行にとって都合が良い商品」、すなわち銀行側が受け取る手数料が高い商品の開発に傾きがちであることだ。銀行の窓口担当者としても、個人目標が収益ベースで設定されているケースが多いので、なるべく手数料が高い商品を販売しようとする。

ところが、こうした「銀行にとって都合が良い商品」が、「顧客にとって良い商品」とは限らない。むしろその逆であろう。

保険会社から銀行に支払われる手数料は、販売量が増えるに連れて段階的に手数料率が高くなるように設定されている。銀行側としては、手数料率を上げようとして、特定の保険商品を「強力に推奨」するようになる。

B氏によると、こうした押し込み販売がとりわけひどいのがキャンペーン商品だという。保険会社は、特に力を入れている商品や不人気商品の販売を促進するために、キャンペーンを実施して販売手数料を上乗せする。そこで、銀行側では業績評価におけるキャンペーン商品の比重を高め、窓口担当者は、顧客のニーズに合致していないと承知していても、敢えてその商品を勧めるというわけだ。

B氏によると、こうしたキャンペーン商品には、8～9％もの高率の販売手数料を設定する一方で、他の商品と比較して顧客側に著しく不利な

内容のものさえあるという。つまり、顧客を食い物にしているおそれがあるわけだ。

B氏は既に生保業界を退職された方なので、その説明に若干の誇張が入っているかもしれない。しかし経済誌によると、高額手数料の金融商品の販売拡大を懸念した金融庁が、銀行窓口の手数料を開示するように生保業界に要請したという[15]。もはや看過できるレベルを超えているのではなかろうか。

利益と引き換えにされた信用

銀行窓販に関するトラブルについては、独立行政法人国民生活センターも注目している。同センターでは、「個人年金保険の銀行窓口販売に関するトラブル ―高齢者を中心に相談が倍増―」(2009年7月22日)、「銀行窓口で勧誘された一時払い終身保険に関するトラブル ―高齢者への不適切な勧誘が急増中―」(2012年4月19日)などの注意情報を既に発表している。

おそらく生保側や銀行側は、「不適切な窓口販売については反省しているが、それはごく一部の話であって、既にきちんと社内教育などの対策を取っている」と考えているだろう。筆者もそう思いたいところだが、この問題の解決は決して容易なことではない。

これまで説明したように、窓口販売の増大を目指すという点で、生保・銀行、さらには現場担当者の利害が完全に一致している。言い換えれば、不適切な窓口販売を唆すインセンティブがシステム化されているのである。

問題解決のためには、関係各社の業績評価システムの設計にまで遡って抜本的な見直しを必要とする。そこまでメスを入れるのはなかなか難しいだろうが、それでもやらなければいけない。企業がゴーイングコンサーン(企業がいつまでも事業を続けるという前提)に立脚している以

---

[15] 週刊ダイヤモンド 2016年2月13日号「激震! 銀行窓販の手数料開示 金融庁が生保に検討を要請」

上、顧客との信頼関係を積み上げて長期継続的に利益を獲得することを目指すべきである。金融機関ならば、信用の重みは一段と高いものであるはずだ。

「リスクのことは分からないが、銀行を信用しているから」という理由で購入した顧客は、「銀行に裏切られた」と感じていることだろう。ちなみにA氏も、「こんなものを売りつけたY銀行は出入り禁止にした」と語っていた。

結局のところ、不適切な窓口販売は、金融機関がこれまで蓄積してきた「信用」を、目先の利益と「交換」しているだけである。タコが自分の足を食うのと変わりないではないか。銀行員の息子として、かつての銀行の矜持を知る筆者としては淋しくてならない。

残念なことだが、本件のように長期継続的な利益をもたらす「無形の財産」を粗末にして、目先の利益を追求している企業の話はいたるところで聞く。例えば、某ファストフードチェーンでは、それまでの「ちょっとリッチできれいな店」というブランドイメージを捨てて、大衆迎合的な低価格路線に切り替えた。その結果、一時的に売上は拡大したものの、店員が繁忙になって清掃などのサービスが低下した上に客層も悪くなり、「財布の中が寂しいB層が利用する小汚い店」と認識されるようになった。やがては売上が低落し、一時は存続の危機に立たされた。

かつて昭和の頃には、「米国の経営者は短期的視点しか持っておらず、株価ばかり気にしている。それに対して日本の経営者は長期的視点に立って企業を育てている」とよく聞かされたものだ。しかし現代はどうだろうか。先輩方が築いてくれた「無形の財産」に胡坐をかき、それを切り売りして当期の業績を取り繕っているのではないだろうか。どうかこの機会に自問自答していただきたい。

教訓

「ゴーイングコンサーン」に立脚すれば、長期的に利益を獲得し続け

第4章　企業は人なり

ることが企業経営の基本となる。筆者の若い頃はそれが当たり前であった
たが、近年では、すっかりアメリカナイズされ、今期の業績に一喜一憂
する経営者が増えた。その結果、成果が出るまでに時間がかかる長期的
課題がいたずらに放置され、あるいは短期的業績をかさ上げするために
長年積み上げてきた「無形の財産」を犠牲にするごとき愚行がまかりと
おっている。まことに嘆かわしい限りだ。

第22講
オリンパスの内視鏡事業を育てた男たち

―イノベーションを欲するならイノベーターを粗末にするな―

 オリンパスを支える内視鏡事業

　2011年にオリンパスで大規模な不正会計事件が発覚した。バブル崩壊による投資の損失を海外の偽装ファンドに「とばし」をして隠蔽した上で、2件のM&Aを利用して不正に損失処理をしていたのである。同社が隠蔽していた損失は、2008年時点で1,236億円に達していた。

　本事件の第一報を聞いた筆者の率直な印象は、「今ごろバブルの後始末をしていたのか?!」という驚きであった。バブル崩壊後、少なからぬ企業が「とばし」を行ったことが知られているが、オリンパスほど長く続けていたケースは他にあるまい。

　オリンパスは、偽装ファンドに資金を供給するために、巨額の預金や投資有価証券を長期にわたってタックスヘイブンの銀行やファンドに預託し続けていた。そんな贅沢な真似が出来たのは、世界で約7割もの市場占有率を持つ内視鏡事業のおかげで、同社の業績が極めて良好であったからだ。ちなみに、不祥事の発覚後も、内視鏡事業は多額の営業利益を上げて経営を下支えした。

　その意味では、内視鏡事業は「孝行息子」であるとともに、経営者を甘やかした元凶でもあるわけだが、それにしても約7割というシェアには驚くしかない。オリンパスはどうやって内視鏡事業をここまで育て上

げたのだろうか。

　内視鏡の原型である胃カメラの開発については、NHK番組「プロジェクトX　挑戦者たち」において、「ガンを探し出せ　〜完全国産・胃カメラ開発〜」との題で放映されたので、ご記憶の読者も少なくないだろう。

　この番組では、胃内部での撮影時の光源となる小型電球を製造する難しさを強調し、試行錯誤を繰り返して、ついに実用化にこぎつけた職人芸をクローズアップしていた。かくして発明された胃カメラにより、1950年6月に胃内部の臨床撮影に初めて成功し、同11月に日本臨床外科学会で発表したところで、番組はめでたしめでたしとなる。

　しかし、新しい発明をすることと、それを商品として成功させることの間には、大きな隔たりがある。胃カメラの発明は大きな社会的反響を呼んだが、当時のオリンパスには、海のものとも山のものともしれない胃カメラの事業化に経営資源を注ぎ込む余裕は無かった。

胃カメラの故障が続出

　オリンパスは、1919年に顕微鏡メーカーとして創業した。その後、レンズ技術を応用して1936年からカメラの生産を開始し、太平洋戦争中には軍用の光学機器を製造した。ところが空襲によって渋谷の本社工場を焼失し、さらに敗戦による軍需の喪失で経営は大きな打撃を受けた。その窮状を救ったのが、民生用カメラであった。進駐軍将兵がさかんにカメラを買い求めたのである。経営陣は新たに大黒柱となったカメラ事業にばかり注目し、胃カメラに対する関心は非常に低かった。

　胃カメラの製品化作業は諏訪工場に移管されたが、同工場では高級カメラの開発を最優先課題としており、胃カメラには専任の技術者を割り当てなかった。製品化はなかなか進まず、ようやく胃カメラII型として発売を開始したのが1952年5月であった。

　しかし、実際に医療現場で用いてみるとトラブルが続発した。諏訪工場の担当者が兼任だったため、胃カメラII型の臨床試験を十分に行って

いなかったのだ。医師からは様々な改善要望が寄せられたが、オリンパスではろくに対応できず、このままでは医療側に見放されかねない状態となった。胃カメラ歴史研究会編著の『胃カメラの技術物語』には、当時の医師の回想として、次のとおり記されている。

「私共はこの機械がその発表後二～三年の間、あまりにも故障が多く、宇治博士（発明に携わった医師）らも大げさにいって悲観の局というか、大きな壁にうちあたっておられることを知らされた。（中略）全国の主たる施設にくばられた際、ほとんど全部の施設より一両日の間に会社に機械が送り返されて、関係者一同を落胆失望に追い込んだ理由であった。私共もいよいよこの臨床応用への一歩をふみだしたとき、この点に本当に悩まされた。強い覚悟がなければ投げ出していたであろうといまでも考える。（中略）これらの間、いわゆる慢慢的といってまさにふさわしい会社の熱意の不足には、まったく悩まされた」（同68-69頁）。

手を焼いたオリンパスでは、1953年4月、発明メンバーの一人であった東京工場の深海正治氏のもとに胃カメラ事業を再移管した。ただしスタッフは、設計担当1人、製造担当1人、修理担当1人、販売担当1人という最小限の体制に留められた。オリンパスとしては、胃カメラ事業にほとんど期待していなかったのである。

 ## 四面楚歌を跳ね返した深海チーム

深海氏は、臨床試験の立会いと医師との議論にできる限りの人員と時間を割くことを方針とした。1953年5月には東京大学附属病院第一内科研究室との間で協力体制を構築し、医療側のニーズや指摘事項についての理解を深めていった。しかし、故障の頻発により修理作業に多大の時間を取られた上に、スタッフの人数が絶対的に不足していたため、新型胃カメラの開発はなかなか進まなかった。

さらに、社内でも批判が噴出していた。『胃カメラの技術物語』には、当時の製造担当者の回想として、次のとおり記されている。

第4章　企業は人なり

　「限られた要員で故障カメラを最優先で修理し、一刻も早く先生に届けることが精一杯で、根本的な改良まで手がつけられず、非常に効率の悪い有様であったと思う。胃カメラ業務に関係のない一部の社内の人々からは、当時のこの状態を、『ガストロピストン（修理してもすぐ戻ってくることを、内燃機関などの往復運動にたとえて）』と揶揄され、『こんな仕事はやめてしまえ』ともいわれ、四面楚歌の状況」（同73頁）。

　逆境が続く中で、1956年に設計担当の松橋章技師が、修理の容易性やチューブの柔軟性・追従性を追求した胃カメラⅢ型の開発に成功した。この胃カメラⅢ型こそ、今日の内視鏡の基本コンセプトを確立した製品とされている。

　胃カメラⅢ型の導入により故障が激減するとともに、被験者の苦痛も大幅に軽減されたことで、胃カメラの臨床研究が進展し、販売も次第に軌道に乗ってきた。そして、深海チームの努力が一気に開花したのが1959年であった。

　同4月、オリンパスでは、胃カメラの事業化のために遅ればせながら「ガストロ課」（課員9人）を新設した。同6月には「日本胃カメラ学会」（日本消化器内視鏡学会の前身）が設立され、胃カメラの医学上の位置づけが確立した。同10月には、故障をさらに少なくした胃カメラⅣ型の販売が開始された。

　翌1960年6月には、胃カメラの累計販売台数が1,000台に達した。同10月にはガストロ課のスタッフが17人に増員され、同11月には集団検診向けの胃カメラⅤ型が発売された。かくして胃カメラ事業は軌道に乗り始めたが、ここで小成に甘んじていては、今日の内視鏡事業の隆盛は決して得られなかったであろう。

技術は10年で陳腐化する

　1958年5月、米国で開催された第1回世界消化器病学会で、光ファイバーを用いた内視鏡のデモンストレーションが行われた。フィルムの現

第22講　オリンパスの内視鏡事業を育てた男たち

像が必要な胃カメラと比較して、医師がリアルタイムに体内を観察できる内視鏡の優位性は言うまでもない。この情報を入手した深海氏は、依然としてスタッフ不足に苦しんでいたにもかかわらず、胃カメラと並行して内視鏡の開発にも取り組んだ。

当時の日本には光ファイバーのメーカーがなかったので、一から自製せざるを得ず、オリンパスは試行錯誤を重ねながら製造技術を蓄積していった。1964年7月時点でも月産わずか40本、しかもその3分の1に当たる15本が、ファイバー折れや色むらのため不合格とされた。欠陥のない製品をコンスタントに製造できるようになったのは、製造開始から10年後の1973年だった。

その一方で、オリンパスがようやく自製した第1世代の光ファイバーには、将来の発展性に限界があった。そのため、早くも1973年から日本板硝子とともに第2世代光ファイバーの検討を進め、1975年には両社出資の合弁会社を設立した。この第2世代ファイバーも、形状不良や微小異物の混入などのトラブルが相次ぎ、製造技術の確立までに3年もの月日を要したが、やがて品質やコストの面で第1世代を凌駕するようになった。

以上のように深海氏は、「技術は10年経てば陳腐化する」という強い信念のもとに、決してペースを緩めることなく、イノベーションに取り組み続けた。さらに、内視鏡を検査機器だけでなく、手術用具としても活用することを発案して事業化につなげたのも深海氏であった。かくして絶え間なくイノベーションを重ねて競合他社を突き放すことで、オリンパスの内視鏡事業は高い市場シェアを確立するに至ったのである。

✴ イノベーションを阻むもの

胃カメラ事業が再移管された1953年から、ガストロ課の設立により体制が増強された1959年までの最も苦しいスタートアップの時期に、深海チームが見せた不屈の闘志には感嘆せざるを得ない。まさにイノベーターのお手本と言えよう。

201

第4章　企業は人なり

　内視鏡事業がぐんぐん成長を始めると、それまで冷笑していた社員たちが同部署に異動してきて、「果実」の収穫にいそしむようになっていった。その一方で、深海チームに対して会社側が報いたものはあまりに少なかったようだ。特に深海氏は、これほどの功労者でありながら、オリンパスが推薦しなかったために公的な表彰を何一つ受けていないという。本稿で参考資料とさせていただいた『胃カメラの技術物語』も、チームの皆さんが深海氏の功績を何とかして後世に残したいという思いから出版したものである。

　胃カメラⅢ型開発の功労者である松橋技師は、こうした社内風土に嫌気がさしてオリンパスを退職し、後にベンチャー企業「メトロール」を興した。今日では、メトロール社は精密機械式センサーの分野で世界的なオンリーワン企業となり、2014年には経済産業省の「グローバルニッチトップ企業100選」に選抜されている。

　さて、今日では多くの日本企業が「イノベーションの創出」を重要目標に掲げている。しかし、そもそも日本でイノベーションがなかなか生まれないのはどうしてだろうか。

　イノベーションは、もともと成功する確率が低い上に、その過程には様々な障害が立ちはだかるものだ。それに加えて、同僚から白眼視されて社内で孤立しているようでは、深海氏のような傑物ならいざ知らず、イノベーターの心が折れてしまったとしても不思議ではない。さらに、苦難の末にようやく成功した暁にも、せっかくの成果を他者に横取りされるとなれば、イノベーターの出現を期待するのは無理というものだ。それどころか、松橋技師のように有望な人材は社外に去ってしまうだろう。

　遮二無二突進して障害を突破するのはイノベーター自身の仕事である。しかし、ひたすら前を向いて進むイノベーターの背中を誰かが守ってやらなければ、とても勝利はおぼつかない。過酷な戦場にイノベーターを孤立無援で放り出し、自分は役員室でぬくぬくと安逸を貪っている経営者には技術経営を語る資格はないのである。

202

教訓

　イノベーターには、優れた才能だけでなく、強い問題意識と自負心、進取の気性、行動力などの資質が必要とされる。しかし、いまだにムラ社会の性格を色濃く残す日本企業では、そのような人物は「出る杭」として排除されがちだ。経営者がイノベーションを欲するならば、イノベーターを背後から支えてやらないといけない。そうしなければ、社内での孤立に耐えられなくなったイノベーターは社外にどんどん脱出し、残るのはルーティーンをこなすだけの凡人ばかりとなる。

参考資料
- NHK（2001）『プロジェクトX　挑戦者たち　Vol.3 ガンを探し出せ　～完全国産・胃カメラ開発～』NHK エンタープライズ
- 胃カメラ歴史研究会編著（1999）『胃カメラの技術物語』　めいけい出版

第5章

リーダーの器

第 23 講

過去の不祥事を
きちんと伝承せよ

―教訓を歪曲する経営者―

 口頭伝承では10年で忘却

　先日、講演先の企業経営者と昼食を取る機会があり、その問題意識を色々と聞かせていただいた。その中で特に印象に残ったのは、「我が社が批判されていた当時のことを知らない若手社員が増えた」という述懐である。

　同社では、数年前に不祥事が発覚して激しい社会的批判に曝されたことが、コンプライアンス意識の啓発に大きく寄与した。ところが、近年では採用者数が増えたせいで、事件以降に入社した若手が既に2割を超えたという。過去の事件を知識として持っているだけで、経験の裏付けがない彼らに対し、不祥事の教訓をどのように指導すべきか頭を悩ませているとのことだ。

　部外者の眼からすれば、「自社の不祥事について社内でしっかり教育するのは当然ではないか」と感じるかもしれない。ところが意外にそれが難しい。

　多くの企業では、社内教育用の資料は外形的事実の羅列にとどまり、それ以上については奥歯に物が挟まったような説明を口頭でするにとどめている。会社としての面子、不祥事に関係した同僚への配慮、部外に対する秘密保持などの理由から、不祥事の核心に触れるところは文書に

書かないのである。

　ところが口頭伝承では、説明内容の詳細度や正確性にどうしても限界がある。かくして10年くらい経過すると、新聞の見出し程度のことしか知らない社員が多数派になるというわけだ。筆者も、別の企業関係者と雑談した際、「自社の不祥事なのに、こんな事さえ教えられていないのか」と驚き呆れた経験が幾度かある。

 肝心なのは経営者の姿勢

　不祥事の教訓をきちんと引き継ぐためのポイントは、「形にして残すこと」と「オープンに語ること」である。その模範として、三井物産と住友金属鉱山の2社が挙げられる。

　口頭による伝承に頼らずに、「形にして残すこと」の意義は敢えて説明するまでもない。三井物産では、DPF（排ガス浄化装置）データ捏造事件について、同社の研修所の玄関に問題のDPFを展示するとともに、事件の記録を「風化させないために」と題する新書版の冊子に取りまとめて全社員に配布した。そして住友金属鉱山では、子会社で発生した臨界事故に関する資料館を、住友グループ発祥の地である新居浜市に設置し、国内外を問わず全社員を対象に研修を進めている。

　次に「オープンに語ること」をポイントに掲げたのは、不祥事について口にすることがタブー視されるのを防ぐためである。社外の者に対しても、「我が社では過去にこんな不祥事がありまして」と堂々と話すくらいでないといけない。ちなみに三井物産や住友金属鉱山では、事例研究のために両社の不祥事に関して突っ込んだ質問をした筆者に対し、実に率直かつ詳細に説明してくれた。

　結局のところは、不祥事の教訓を忘れてはならないという強い覚悟が経営者にあるかどうかにかかっている。「我が社にとって不名誉なことだからなるべく触れたくない」という気持ちをトップが抱いていれば、「形にして残すこと」や「オープンに語ること」は期待できない。

第5章　リーダーの器

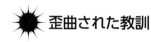 歪曲された教訓

　先日、某経済誌の記事を読んでいた筆者は、不祥事の教訓があまりに歪曲されていることに驚いた。その記事は、素材メーカーA社のB社長に対するインタビューである。同社では、数年前にC事業所で火災が発生して、数名が焼死する事故を起こしていた。B社長の発言の概要は以下のとおりである。

「当時、C事業所では何重にも安全対策をやっていたつもりでしたが、それでも想定外のことが起きれば、対策に抜け落ちているところがあることに気付きました。福島原発事故も、格納容器など五重の対策があるから大丈夫だと考えられていましたが、1000年に1度の大災害には太刀打ちできなかったのです」

　要するに、A社ではきちんとと安全対策を行っていたが、普通では想定できないような特殊な問題により事故が発生してしまったという趣旨である。しかし、事実はまったく異なる。この事故の主な原因は以下の4点である。

- 安全措置としてバルブに施錠しておくはずであったが、作業現場で使う2種類のチェックリストの両方に記載漏れがあって、施錠がされていなかった。
- バルブのスイッチに保護カバーが設置されていなかったため、誤接触によりスイッチが入ってバルブが誤作動を起こしてしまった。
- バルブの動力源である空気元弁は閉止されているはずだったが、最後に使用した作業員が閉止するのを失念していた。
- 可燃物のバルブを開くという危険な作業をしていたのに、その下の階では別件の作業を続行していたために被害が広がった。

　はっきり申し上げて、「想定外」の問題は一つもない。当たり前の安全対策がきちんと出来ていなかっただけのことだ。念のために申し上げておくが、この原因分析は筆者独自のものではなく、A社が発表した事故報告書にちゃんと書いてある。ネットでも公開されているので、興味をお持ちの読者は探してみるとよいだろう。

第23講　過去の不祥事をきちんと伝承せよ

　それにしても、どうしてB社長はこれほどミスリーディングな説明をしたのだろうか。あれほどの大事故である上に、発生から数年しか経っておらず、事実誤認とは考えにくい。自社の不始末を糊塗するために、敢えて歪曲して語ったのではないだろうか。経営者がこのような姿勢では、社内でも不祥事の教訓が正確に伝承されているか疑わしいと言わざるを得ない。

教訓

　不祥事は企業側に重大なダメージを与えるが、起きてしまったことはどうしようもない。問題はその後をどうするかだ。不祥事の反省を後々まで伝承できれば、将来の不祥事を未然に防止することが可能となる。逆に忘却してしまっては、いずれまた同じ不祥事を繰り返すことになるだろう。不祥事を『財産』として活かせるかどうかは、経営者の見識にかかっているのである。

209

第24講

「最高の総務課長」では
トップは務まらない

―日本経済を漂流させる「裸の王様」たち―

 トップの資質とは何か

　筆者は、組織不祥事を研究する関係で、いろいろな経済誌に目を通すようにしているが、最近、「インタビュー記事の質が落ちたな」と淋しく思うことが多い。読者としては、ここをもっと突っ込んで欲しいと感じる点がスルーされ、単なる自慢話の提灯(ちょうちん)記事に終わっているからだ。インタビューである以上、話者の気分を害さないように配慮するのはやむを得ないとしても、相手の話を有難く拝聴するだけでは広告と変わりない。

　先日も、某メガバンクの経営者が、「現場の社員と対話する機会を作り、その声に耳を傾けることが業務改善につながる」と語るインタビュー記事を読んで首をひねった。一般誌ならばともかく、ビジネスマンが読む経済誌で、こうした当たり前のことを得意気に語る神経がよく分からない。

　さらに唖然としたのは、その現場との対話を踏まえて発案した改善策とやらが、いかにも陳腐な内容だったことだ。「おいおい、その程度のことをこれまでやってなかったのかい」と思わず笑ってしまった。

　テレビドラマの水戸黄門は、全国津々浦々を漫遊して、庶民を苦しめる悪代官を退治する。しかし視点を変えると、天下の副将軍たる黄門様

がわざわざ乗り出さなければ、不正が何一つ摘発されないというのはとんでもない話である。

それと同様に、あの程度の業務改善策をわざわざトップが思いつかなければいけない（＝それまで誰も問題提起しなかった）という組織はまともではない。要するに、ずらり揃った管理職たちがまったく機能していないということだ。

そもそも巨大企業の経営者が、自ら現場を回って小知恵をひねり出してどうするのか。その程度の仕事は課長レベルに任せておけばよい。本当にトップがしなければならないのは、「鶴の一声」がなければ陳腐な業務改善さえ進まないほどに硬直した組織体質を改革することである。

ところが、このチェンジリーダーとしての役割を自覚していない経営者が多すぎる。それこそが日本経済を漂流させている原因ではないかと筆者は感じている。

そうした経営者たちも、決して馬鹿者というわけではない。筆者の個人的な経験では、大組織のトップに立つほどの人物は、いずれも教養に溢れ、思慮深く誠実な人柄で、非常にバランスが取れている。総務課長のポストに座らせたらピカイチだろう。

しかし、総務課長として最高の人物が、必ずしもトップに相応しいわけではない。むしろその反対である。「部下として有能な人物」と「トップとして部下を率いる人物」では、求められる資質が異なるということだ。

リスクを取れる強いリーダーが必要

結論から申し上げると、変化への対応を迫られる時代には、バランスの取れた調整型の人物ではトップは務まらない。独善的に思えるほどの信念に溢れ、そのためには敵を作ることも厭わないほどの強靱な意志力を持つ人物が必要である。

もともと日本は気候が温暖で、一所懸命に農事に励んでいれば、誰でもそれなりに生活することが可能だった。また、島国であるために外敵

の侵入もほとんど経験していない。こうした低リスク社会では、強いリーダーは必要とされず、集団の和を尊重する調整型の人物が上に立つことが通例だった。

しかし、その前提が大きく揺らいだとき、例えば気候変動により食料不足に陥った戦国時代や、欧米諸国による植民地化の危機に直面した幕末維新の頃には、日本にも強いリーダーが輩出した。グローバル競争の渦に巻き込まれた現代も、まさに強いリーダーが求められていると言えよう。

ところが多くの企業では、組織の慣性に基づき、依然として調整型リーダーを選抜し続けている。その背景には、たとえ経営状態が思わしくなくても、これまでの蓄積で当分はやっていけるため、なかなか社内の危機感が高まらないという事情がある。

こうした調整型のリーダーは、世論や株式市場の動向にやたらと敏感である。「総務課長」は誰かにお仕えするのは得意だが、自分では物事を決められない。そこで、世論や株式市場に追随することで、トップとしての重圧から逃れようとするのだ。

しかし世論というものが、いかにあやふやで振幅の激しいものか語るまでもない。株式市場は、短期的には人気投票にすぎず、長期的にも企業業績を後追いするだけだ。いずれも将来を見通す先見の明とは無縁であり、そんなものを経営の拠り所にしてどうするのか。今の時代に必要なのは、周囲の評価に振り回されずに、自らの価値を創り出すことである。

「オレの経営方針に納得できない株主は、保有株を売却するか、総会で俺のクビを斬ればよい。だけど、このオレ以上に企業価値を高められる人物が他にいるかな？」と嘯く、アクの強い経営者が現われてほしいものだ。

 ## 「総務課長」型管理職の拡大再生産

一般的に、「総務課長」型のリーダーには、部下に対して報告・連

絡・相談を徹底するよう求める傾向がある。決断力が弱く臨機応変の対処が苦手なので、予定外の事態の発生をひどく嫌うからだ。

　軽重に関わらず何でも報告するよう要求し、部下の活動のすべてを把握していないと気が済まない。得意のセリフは、「そんな話、俺は聞いてないぞ」である。生真面目なのは結構だが、これでは部下が指示待ち姿勢に陥ってしまうのは避けられない。

　部下の立場としては、とにかくまめまめしく報告を上げて、ご指示を拝聴していればよい。そもそも「総務課長」型リーダーは変化を嫌い、その指示内容も基本的に前例踏襲であるため、その流儀に合わせるのは簡単なことだが、それでは部下がいつまでも成長しない。

　特に困るのは、中間管理職が自らリスクを引き受けて、判断力や見識を磨く機会を得られないことだ。そうしたチャレンジ不足の管理職は、自分では物事を決められず、上役に献身的にお仕えすることを旨とする「総務課長」型にしかなれない。つまり、「総務課長」型リーダーが報告・連絡・相談の徹底という形で部下を過剰にコントロールすれば、「総務課長」型の管理職が組織内に拡大再生産されるのである。

　その一方で、自主性や積極性が強い「攻め」の人材（筆者は「フォワード」型と呼ぶ）は、「総務課長」型リーダーが求める『枠』の中に収まりきらない。その結果、彼らは次第に社内の傍流へと押しやられ、あるいは締め付けに耐えられずに社外に流出し、組織の活力がどんどん低下していくのである。

間違った方向に進む内部統制

　念のために申し上げるが、筆者は「総務課長」型の人材を有害と断じているわけではない。どのような組織にも、彼らのような「守備」の人材は欠かせないものだ。しかし、誰もが「守備」に専念し、点を取りに行く「攻撃」の選手がいなくなってしまうと試合にならない。

　残念なことに、多くの日本企業では、「総務課長」型が増殖する一方で、「フォワード」型の人材は先細りとなりつつある。「総務課長」型

リーダーが好む『枠』が内部統制という形で実体化し、現場に対する過剰なコントロール体制が確立してしまったからだ。

「それでも企業としては、コンプライアンスのために内部統制をやらざるを得ない」と感じた読者もいるだろう。たしかに法令や社会的ルールに違反することがあってはならないが、日本における内部統制の現状は、本来の目的からすると、間違った方向に進んでいると言わざるを得ない。

問題点の一つは、いたずらに手続を複雑化したり、報告事項を追加したりすることだ。違反行為のチェックを重層的・多角的に行うという発想は間違っていないが、大概の場合には、官僚的なペーパーワークを増やし、中間管理職を疲弊させるだけに終わっている。手続の加重や報告量の増加それ自体がいつの間にか目的化して、チェック機能の実質を高めるという本来の趣旨が忘却されているのである。

もう一つの問題点は、非常に詳細な社内規則を整備し、それを聖典のごとく扱っていることである。実務上の指針として社内規則を整備するのは当然だが、それを詳しく書き込みすぎると、現実のビジネスにうまく当てはまらない場面が多々発生する。そうした時にも社内規則を絶対視して、とにかく規則通りにやれと強制すれば、現場は身動きがとれなくなってしまう。

旧陸軍では、軍靴のサイズが合わないと兵士が申し出ると、「お前の足に軍靴を合わせるのではない。お前の足を軍靴に合わせるのだ」と怒鳴り付けたというが、それとまったく同レベルである。あげくの果ては、「硬直した社内規則に従っていては仕事にならない」と社員が裏技に走り、法令や社会のルールには反していないが、社内規範には違反するという珍妙なコンプライアンス事件が多発する。

こうした社内環境も、「総務課長」型管理職であれば苦にならない。もともと変化を嫌ってルーティーンに閉じこもりがちな上に、部下の仕事ぶりを管理することに熱心であるからだ。その一方で、新しい仕事に積極的にチャレンジしたり、部下の自主性を奨励したりする「フォワード」型管理職にしてみれば、たまったものではない。かくして間違った

214

方向に進む内部統制が、さらに組織の活力を奪っていくのである。

 ## リスクを取らない金融機関が日本を駄目にする

　日本の金融機関は、「国際競争に対応するため」という理由付けで再編を繰り返し、著しく巨大化したが、現状での収益力は国際水準に遠く及ばない。これも、上辺だけの内部統制が過剰に発達し、実務を雁字搦めにしているためである。

　ある時、某金融機関のコンプライアンス担当部長と懇談した際に、思い切って質問してみた。「銀行はこれほど内部統制システムを肥大化させましたが、もしも貴方が現場の支店長ポストに就いたとしたら、まともに仕事が出来ると思いますか？」それに対する回答は、「無理でしょうね」の一言だった。

　さらに、現場の支店長経験者から、ぞっとする話を聞いた。その銀行では、融資の稟議書に記載されている内容が、企業名などの個別事項を除いて、ほとんど同じだという。

　　（支店長経験者）「融資関係の審査マニュアルがあまりにガチガチになったせいで、稟議書を普通に書いたのではどんどん落とされます。そこで、審査を通すにはこう書けばよいというパターンが次第に流布して、誰でもそれを真似するようになってしまいました」

　　（筆者）「それでは銀行マンの目利きを活かせないでしょう」

　　（支店長経験者）「おっしゃるとおりです。もともと若い銀行員の中には、現場に出ようとせずに机上でばかり仕事をする者が増えているのに、こんな形式的な審査をしていては、企業の将来性やリスクを見抜く眼は衰えていくばかりです」

　　（筆者）「しかし、中小企業に融資をするには目利きが不可欠ではないですか」

　　（支店長経験者）「だから中小企業への融資が先細りになるわけです。優良企業であればすぐに融資できますが、彼らは銀行をあまり必要としていません。もちろん利ザヤも小さくなります。本当に融

第5章　リーダーの器

資を欲しているのは、何らかのリスクをかかえている中小企業です。だからこそ利ザヤも大きく取れるのですが、現状ではなかなか審査を通らない。そのうちに銀行マンの目利きも駄目になって、リスクの評価がさらに難しくなるという悪循環です」

日本の三大メガバンクは、総預金額の3〜4割に相当する国債を保有している。あれほど低利率の国債をこれほど大量に抱え込んでいるのはまことに奇観であるが、融資先を自分で見つけられないのだからどうしようもない。

資金難に苦しむ中小企業はいくらでもいる。その中には、将来大きく花開く可能性のある会社がいくつもあるだろう。そうした企業に融資することは、銀行自体の収益力改善に寄与するだけでなく、日本経済の新たな成長の足がかりともなる。ところが、「総務課長」型リーダーに率いられ、過剰な内部統制で自縄自縛となった銀行は、そうした金融本来の役割を果たせなくなっているのだ。

もちろん銀行側には、金融庁の規制のせいでどうしようもないという言い訳があるだろう。筆者としても、それを認めるのにやぶさかではない。しかし、「社内でやれることから少しでも改善していこう」「金融庁に対し業界として発言していくべきだ」という声がなぜ発せられないのか。結局のところ、上から下まで「総務課長」型に染め抜かれた組織は、自らを変えなければいけないという意識が決定的に不足しているのである。

この「ぬるま湯状態」から抜け出せるかどうかは、ひとえにリーダーの意志にかかっている。これまでの企業統治を巡る議論では、ともすれば不祥事防止という発想が強かったが、そもそもどういった人物をリーダーとして選ぶべきかという原点に立ち返る必要があるだろう。

教訓

日本人は、やたらとリーダーシップの重要性を語る一方で、いざ誰かがリーダーシップを発揮しようとすると、今度は「独善的」となじり始

めるものだ。しかし、社内に敵を作らない「総務課長型」のリーダーは、集団の和を保つ面では優れていても、真の改革者とはなりえない。グローバル競争という嵐の中では、「フォワード型」の強いリーダーに舵取りを任せなければ、会社が沈没してしまうとの危機感を持つべきである。

第5章　リーダーの器

第25講

日本一の優良企業・エーワン精密の強さの秘密

―何のために効率性を追求しているのか―

 抜群の財務データ

　筆者の研究は、事件・事故を引き起こす原因メカニズムを分析し、その教訓点を「他山の石」として企業経営に役立ててもらうことを目的としている。その一方で、企業経営に当たっては、「いかにしたら失敗せずに済むか」とマイナス面を回避するだけでなく、「いかにしたら成功できるか」とプラス面の進取について模索することも重要である。

　そこで、成功を導くマネジメントの実例として、工作機械部品のメーカーであるエーワン精密（ジャスダック上場）を取り上げよう。この会社の素晴らしさについては、百万言を費やすよりも、その財務データを提示するほうが、はるかに説得力がある。

　表1の貸借対照表が示すとおり、2012年6月期には、同社の資産合計7,360百万円のうち、現金及び預金が3,453百万円（46.9%）に達している。しかも、固定資産の中には、1,278百万円の投資有価証券（換金性の高い社債を中心に運用）が含まれており、まさに呆れるほどに手元流動性が潤沢である。

　その一方で、負債合計はわずか482百万円と実質的に無借金経営であり、同社の自己資本比率は93.5%となっている。純資産の内訳を見ると、利益剰余金が6,378百万円に達し、同社が内部留保をしっかり蓄積

第25講 日本一の優良企業・エーワン精密の強さの秘密

表1 貸借対照表 (要約)

(単位:百万円)

	2011年 6月期	2012年 6月期		2011年 6月期	2012年 6月期
流動資産合計	4,217	4,104	流動負債合計	272	141
うち現金及び預金	3,597	3,453	固定負債合計	339	340
固定資産合計	3,118	3,255	**負債合計**	611	482
うち有形固定資産	1,600	1,864	株主資本合計	6,821	7,008
うち投資有価証券	1,328	1,278	うち利益剰余金	6,191	6,378
資産合計	7,335	7,360	**純資産合計**	6,724	6,878

表2 損益計算書 (要約)

(単位:百万円)

	2011年6月期	2012年6月期
売上高	1,808	1,876
売上原価	1,030	1,110
売上総利益	777	766
販売費及び一般管理費	285	281
営業利益	492	484
経常利益	515	513

してきた様子がうかがえる。

　続いて**表2**の損益計算書を見てみよう。2012年6月期には、売上高1,876百万円に対して経常利益は513百万円であり、売上高経常利益率は27.3%であった。極めて良好な数字だが、これでも2008年のリーマンショックの落ち込みから完全に回復したわけではない。それまでは、1970年の創業以来、35%超の経常利益率をずっと維持していたのだ。

　日本の部品メーカーのほとんどがデフレで青息吐息となっていた中で、エーワン精密は、どうしてこれほど高い経営成績を挙げることができたのだろうか。

219

高利益率の理由

　製造業で顧客にアピールする要素と言えば、高品質・低価格・短納期の3件である。第1の品質面では、日本の製造業は長年の切磋琢磨によって驚くべき水準に到達しているが、その反面として、差別化がなかなか難しい段階に至っている。高品質であることは、顧客にとって当たり前になってしまったということだ。そのため、多くのメーカーは、第2の価格面で激しく競争し、その結果として利益率の低下に苦しんでいる。

　エーワン精密の成功のポイントは、第3の短納期に着目したことである。同社の主力製品であるコレットチャックを例に挙げて説明しよう。

　コレットチャックは、NC旋盤などで金属加工をする際に材料を固定するのに用いる消耗工具である。これが壊れると工作機械を止めざるを得ず、機械の停止期間が長くなればなるほど、それに伴う機会損失が大きくなってしまう。したがって、他社よりも短時間でコレットチャックを納品することができれば、発注者側は多少コストが高くても喜んで買ってくれる。

　エーワン精密では、注文の7割をその日のうちに納入しているという。まさに"Time is money."の発想で、短納期を競争優位の源泉としているのだ。ただし、エーワン精密のやっていることは不思議でも何でもない。それなのに、競合他社はどうして真似できないのだろうか。

　短納期を実現する方策として誰でも思いつくのは、製造プロセスを見直して効率化を進めることだ。しかし、どこの企業でもやっている話なので、それだけで他社と差別化することは難しい。そもそも短納期がポイントとなる注文は、いきなり飛び込んでくるものなので、事前にみっちり計画を立てておくことは出来ない。現場に無理をいって頑張らせるしかないが、他にも仕事をいろいろ抱えていればどうしても限界がある。

　短納期を競争優位に活かすためにエーワン精密が取った戦略は、「設備も従業員も稼働率を7割に抑える」というものだ。機械も人もあらか

じめ3割の「余裕」を確保しているので、緊急の注文が入ったら、その「余裕」を用いて対応すればよいという考え方である。

おそらく普通の経営者は、機械や従業員を常にフル稼働させている状態が最も効率的と考えているはずである。勿論、機械1台当たり・従業員1人当たりの製造数量はそのほうが多くなる。しかし、それは生産者本位の発想であって、決して顧客本位ではない。だから儲からないのだ。

問題は、「製造数量」の効率性ではなく、「顧客の求める便益＝付加価値」の効率性である。エーワン精密のやり方は、製造数量の面ではたしかに非効率だが、短納期という付加価値を創出する面では非常に効率的なのだ。

「良い在庫」で高品質と短納期を両立

この「余裕」を設備面から確認してみよう。表3が示すとおり、エーワン精密の設備投資額にはかなりの変動があるが、過去5年間の平均で見ると、売上高1,774百万円に対して設備投資は320百万円となり、対売上高比は18.0％に達する。ここまで設備投資に力を入れている企業はさすがに珍しい。

筆者は、同社のご厚意で工場（山梨県韮崎市所在）を見学させていただいたが、とにかく工作機械が多いことに驚かされた。ところ狭しと並ぶ工作機械の間に、ぽつりぽつりと従業員が働いているという印象であ

表3　設備投資額と対売上高比

(単位：百万円、％)

	2008年6月期	2009年6月期	2010年6月期	2011年6月期	2012年6月期	平均
売上高	2,186	1,483	1,518	1,808	1,876	1,774
設備投資額	196	513	225	133	532	320
対売上高比	9.0％	34.6％	14.8％	7.4％	28.4％	18.0％

る。しかも、実際に稼働している工作機械は、全体の半分くらいにとどまっている。

工作機械で高品質の製品を作るには、回転軸を調整する「芯出し」が不可欠だが、それには熟練作業員の技能をもってしても相当な時間がかかる。つまり、一台の工作機械で別種の製品を作ろうとすると、そのたびに面倒な芯出し作業を行わないといけない。多数の工作機械を設置して、あるカテゴリーの製品にはこの機械というように専属化すれば、いちいち芯出し作業をする手間が掛からず、品質も安定するというわけだ。

もちろん、そのような贅沢な使い方をすれば、どうしても機械の遊休時間が長くなり、それだけ資産の運用効率は悪くなる。しかし、その非効率な運用が、短納期という付加価値創出の効率性につながっているのである。

在庫についても同様である。普通の経営者ならば、カンバン方式に代表されるように、在庫をできるだけ圧縮することイコール効率的と考えているだろう。しかしエーワン精密では、在庫は必ずしも悪ではない。

同社は、短納期を競争長所とする一方で、品質面でも業界トップを誇っているが、高品質の製品を作るには、それなりの時間がかかるものだ。個々の製造工程で見ると、むしろエーワン精密のほうが、競合他社よりも時間をかけているケースが少なくないという。この短納期と高品質という矛盾した要請を解決するための方策が「良い在庫」である。

注文状況を子細に分析すると、毎月ある程度の売上が見込める製品カテゴリーが浮かび上がってくる。エーワン精密では、そうした製品について途中段階までの仕掛品を作って在庫としておく。そうすれば、いざ注文が入った段階で、その仕掛品をカスタマイズして仕上げ、短時間に最終製品を納品できるというわけだ。

どこの企業も効率を上げるために努力を重ねているが、そもそも「何のための効率なのか」をきちんと突き詰めているだろうか。「設備をフル稼働すると効率的」、「在庫を削減すると効率的」というのは、あくまでも局所的な効率にすぎない。そして、部分最適は必ずしも全体最適と

はならないのだ。

　それに対してエーワン精密における効率とは、利益追求という全体目標の達成に向けて、その戦略としての短納期を実現するために個々の作業の在り方を考えることである。一般用語としての効率と、明確な目標設定のもとでの効率を区別するために、以下では後者を『効率（的）』と表記することにしよう。

 真の意味の『効率』とは

　エーワン精密は、前述のとおり設備投資に非常に熱心で、職場のOA化に関しても、いち早く70年代からオフィスコンピュータを導入している。それにもかかわらず、注文伝票はいまだに手書きで、工場にはFAXで送るというアナログぶりである。どうしてかというと、その方が『効率』が良いからだ。

　工作機械の脇にパソコンを置き、いちいちモニター画面を確認しながら作業をしていてはスピードが上がらない。製造現場に付き物の油滴や金属片でパソコンが故障したら、仕事がストップしてしまう。指示内容が不明確な場合でも、電話で直接確認して、注文伝票に手書きで追記するほうがよほど早い。

　短納期を競争長所とする同社では、製造段階だけでなく、それ以前の情報伝達プロセスでも時間短縮に努めないといけない。そこで、デジタル化した方が『効率的』なところはデジタル化して、アナログの方が『効率的』なところはアナログのまま残しているのだ。

　エーワン精密では、完成品に対する最終検査も行っていない。各工程できちんと検査し、完璧な製品ができ上がるように仕組みを作っているので、完成品の段階であらためて最終検査をするのは『効率』が悪いという発想である。他社では当たり前の作業でも、『効率的』かどうかの観点から、一つひとつふるいに掛けているところに同社の凄みがある。

　また、エーワン精密では、利益に結びつかない活動にかける経費を出来る限り抑制するため、間接部門の体制を非常に小さくしている。例え

ば、同社の経理担当は2人の女性社員だけである。読者の皆さんは驚かれるだろうが、この2人で、日常の経理業務だけでなく、上場企業として要求される様々な財務書類の作成までこなしている。

　間接部門とは、人員を増やすと、それに見合うだけ仕事も増えてしまうという摩訶不思議な部署である。貴方の企業でも、数人で処理できる仕事を何十人もかかって飾り付けているのかもしれないという問題意識のもとに、間接部門の業務内容を見直してみることをお勧めする。

従業員のことを考える経営とは

　ここまでの説明で、「利益追求を目標に『効率』ばかり考えている職場は、さぞかし非人間的でドライなのだろう」と想像したのではないか。しかしエーワン精密は、古き良き日本そのままのウェットな企業で、従業員の定着率もきわめて高い。もちろんリストラなどしたこともない。

　創業者の梅原勝彦氏は、「利益を出すことが企業の社会的責任」と明言する。その根底にあるのは、利益を出せなければ、従業員の雇用を守れないという発想である。

　従業員は会社に人生を預けているのだから、雇用とは、従業員とその家族の生活を引き受けることとイコールだ。そのために会社は、何が何でも利益を出さなければならない。言い換えれば、従業員のことを真剣に考えているゆえに、エーワン精密は利益追求に熱心というわけだ。さらに、そうして従業員を大切にしているからこそ、高い利益率が可能になるという側面がある。

　エーワン精密では、前述のとおりハイレベルの設備投資を続けているため、工場内に設置された工作機械の数は、従業員数よりもずっと多い。従業員1人で何台もの工作機械を取り扱わなければならないということだ。しかも、同社の競争長所である短納期を実現するには、どの機械も手際よく操作できないといけない。もちろん品質面でも最高水準を要求されている。前述のように最終検査を行わないので、一つ一つの工

程で絶対にミスは許されない。

　こうして考えていくと、体制的に3割の余裕があるとしても、従業員の技能とやる気が非常に高くなければ、とてもやっていけるものではない。言い換えれば、エーワン精密のビジネスモデルは、ベテラン従業員に高いモチベーションを付与することで初めて可能となるのだ。

　そのような従業員を創り出すには、安定した雇用が欠かせない。梅原氏は、「社員が一人前になるまでに10年かかります。そこまで投資して育て上げた社員をリストラするなんて、そんな勿体ないことはできません」と断言する。

　経営者の皆さんは、「私だって、リストラしたくてしているわけではない。厳しい競争のために利益が出ないから仕様がないではないか」と反論することだろう。しかし、経営不振を他者のせいにしてもどうにもならない。それよりも、利益が上がるビジネスを展開できないのは自分の経営能力が低いからではないかと自省してみるべきだ。

不況時に無理に仕事を取ろうとするな

　普通の企業は、不況時に仕事が減ると、値下げをして仕事を確保しようとする。しかしエーワン精密創業者の梅原氏によると、利益を削って値引きをする経営者は、自らの首を絞めているようなものだ。

　いったん値引きに応じると、それが新しい価格と顧客側にインプットされてしまって、いずれ景気が回復しても元の価格に引き上げることは難しい。「あの価格でやれたのだから、これからもそうしてくれ」と顧客側が詰め寄るのは必至である。結局は、値下げした価格のまま据え置かれ、ろくに利益も出せずに仕事を続ける羽目に陥ってしまう。

　経済学的に言えば、「価格の上方硬直性」の罠にはまったということだ。筆者は、この構図こそが日本経済をむしばむデフレの正体と認識している。

　それでは、不況時に値下げもせずにどうやって仕事を取ればよいのだろうか。それに対する梅原氏の回答は、「無理に仕事を取らなくてよ

225

い。むしろ不況の間に社内に力を蓄えよ」と明快である。

値下げによる負の影響を将来にわたって引きずるくらいならば、景気が回復するまで我慢してしのげばよい。仕事が暇になっている間に、工作機械をオーバーホールしたり、工場内の機械配置を見直したり、従業員の技能研修を進めたりして、景気が回復した時にしっかり稼げるように準備しておくのである。

さらに梅原氏によると、不況こそ設備投資や人材採用のチャンスである。工作機械メーカー側も暇なので、納期は早いし色々なリクエストにも応じてくれる。また、就職難なので優秀な人材が中小企業に目を向けてくれる。かくして設備も人材もグレードアップすれば、真の競争力を培えるというわけだ。

ただし、業績悪化に耐えるのも、設備投資や人材採用を進めるのも、カネがなければどうしようもない。エーワン精密が潤沢な手元流動性を保持しているのはそのためだ。梅原氏は、「景気が良い時にきっちり利益を出して、不況に備えた「しのぎ代」を蓄えておかないといけない」と語る。

大抵の企業は、不況時に製品価格を引き下げてしまうので、景気が回復しても利益率が低迷し、「しのぎ代」が貯まらない。そのうちに次の不況がやってくると、資金に余裕がないので、仕事を確保しようとさらに値下げをするという悪循環にはまる。もちろん設備投資や人材採用もできないので、効率性はいつまでも上がらず、ひたすら現場に無理を強いるが、いずれは行き詰まってしまう。

 経営者の仕事は頭を使うこと

もう一つ着目すべきポイントは、梅原氏が「儲かるビジネス」を次々と開拓していることだ。

梅原氏は、ご家庭の事情により12歳で町工場に働きに出た。10年後の1961年、腕利きのロクロ職人に成長した梅原氏の前に、カム式自動旋盤が登場した。自分のような職人はいずれ自動旋盤に圧倒されると直

感した梅原氏だが、それをピンチではなくチャンスと受け止め、自動旋盤の技能習得に打ち込んだ。これが最初のビジネス開拓だった。

その4年後の1965年、自動旋盤が着実に普及する一方で、カムの品質に対してユーザーの不満が溜まっていることに着目した梅原氏は、旋盤用カムの製造会社を起業して大変に繁盛した。これが第2のビジネス開拓だった。

さらに5年後の1970年、梅原氏は新製品のNC工作機械を導入しようとしたが、共同経営者が「今のままでも儲かっているのだから」と多額の設備投資に反対したため、エーワン精密を起業して独立した。同じカム製造業であっても工作機械をNC機に切り換えた点で、第3のビジネス開拓と言えよう。

エーワン精密はNC機のおかげで業績を飛躍的に伸ばし、カム市場で8割ものシェアを獲得した。しかし梅原氏は、NC機の価格がどんどん下落する傾向を看取し、いずれはNC機が自動旋盤に取って代わって、カムの需要そのものが減るだろうと予測した。そこで、新規事業としてNC機用のコレットチャックに取組んだのが1976年である。これが第4のビジネス開拓だった。

その後、予想どおりカムの受注は先細りとなり、1990年代以降はコレットチャックが同社の主力事業となったが、単一製品に依存する経営はリスクが高い。そこでエーワン精密では、NC機用の切削工具の単価が上昇したため、工具を使い捨てせずに再研磨するビジネスが求められていると分析し、1999年に事業化した。これが第5のビジネス開拓である。ちなみに今日では、この再研磨事業が同社の売上の27%を占めるまでに成長した。

いずれのビジネス開拓にも成功したのは、既存事業が好調な時に新事業に着手したからだ。逆に言えば、本業にかげりが見えた段階で動き出しても遅すぎるのである。

新事業への進出には試行錯誤が欠かせないが、本業が左前だと時間の余裕がなく、失敗したらおしまいという背水の陣を強いられる。さらに、すぐに売上が出るようなビジネスには、競合他社がひしめいている

第5章　リーダーの器

ものだ。その渦中に飛び込んでも、なかなかシェアを取れず、利益が上がるはずがない。

本業が好調であれば、5年先・10年先に花開くような新事業にじっくり取り組める。しかも、その事業が軌道に乗るまで試行錯誤を蓄積すれば、競合他社が新しく参入したとしても、なかなか追いつけないほどのリードを築くことができる。かくしてニッチな事業でのトップシェアを獲得すれば、高い利益率を長期にわたって享受できるというわけだ。

筆者が梅原氏に経営の秘訣を尋ねたところ、「そもそも秘訣などありません。当たり前にやっているだけです」という返答だった。たしかに、これまで見てきたように、エーワン精密は何か特殊な経営をしているわけではない。説明を聞けば誰もが納得するようなこと、要するに、当たり前のことを当たり前にやっているだけだ。

見方を変えれば、エーワン精密の業績がこれだけ際立っているのは、当たり前のことを当たり前にやっていない企業が多いことの裏返しである。他の経営者を怠惰と言うつもりはないが、その努力の方向に問題がある。経営者の仕事は、頭を使うことだ。どうすれば今のデフレスパイラルから抜け出せるのか、冷静に考え抜くことをお勧めしたい。

教｜訓

「お客様本位」という言葉を好む経営者は多いが、本当にそうであれば、満足した顧客から十分な利益を獲得することができるはずだ。逆に言えば、利益が上がっていない企業は、「お客様本位」とは口先だけで、実際には「企業本位」の自己満足に終わっているのである。どんなに頑張っていたとしても、その努力の方向が間違っていたら、顧客は評価してくれない。真の『効率』とは、機械1台当たり・従業員1人当たりの製造量を増やすことではなく、顧客が求めている付加価値の提供に専念することなのだ。

228

参考資料

- 梅原勝彦（2008）『経常利益率35%超を37年続ける　町工場強さの秘密』日本実業出版社
- 梅原勝彦（2011）『日本でいちばんの町工場　エーワン精密の儲け続けるしくみ』日本実業出版社

第5章　リーダーの器

第 26 講

経営における正義とは

—オメラスから立ち去る勇気—

 功利主義と自由至上主義

　「ハーバード白熱教室」で有名なマイケル・サンデル教授の著書『これからの「正義」の話をしよう　いまを生き延びるための哲学』(早川書房)を筆者なりにアレンジして、企業経営の「正義」について論じてみたい。

　正義とは、人間同士が互いをどのように扱うべきか、そして法律や制度はいかにあるべきかを示す社会的な枠組みである。サンデル教授は、この正義について論じるアプローチには、福祉、自由、美徳の3つの視点があるとする。

　第1のアプローチは、福祉の最大化である。その典型は、「最大幸福の追求」を唱えたベンサムの功利主義である。個人の幸福(快楽から苦痛を差し引いたもの)の総計が社会全体の幸福であり、その幸福量を最も大きくすることが正義に通じるという考え方は、シンプルで非常に説得力がある。

　功利主義によれば、取引は当事者双方の幸福を増大させるので、取引活動の自由が奨励される。例えば、商品Aの売買が成立するのは、売り手側にとっての商品Aの価値が販売価格よりも低く、買い手側にとっての商品Aの価値が販売価格よりも高いからだ。したがって、売り手・

買い手ともに、その取引によって幸福量が増えることになる。

　また、社会全体の幸福をより大きくするという観点から、富める者から貧しい者への所得の再分配も肯定される。例えば、大金持ちから1億円を徴税して、その1億円を貧しい者100人に100万円ずつ分配すると想定しよう。この場合、大金持ち1人の幸福の減少と、貧者100人の幸福の増大を比較して、最終的に社会全体の幸福量が増大するのであれば、この所得再分配は功利主義の観点から正義とされる。

　その意味で功利主義は、現代の福祉社会の諸制度との親和性が非常に高いが、大きな弱点がある。幸福の総和だけを基準とするために、個々人を踏みつけにする行為でさえも正当化されてしまうのだ。例えば、「いじめ」行為について、いじめられる側一人の苦痛と、いじめる側多数の快楽を比較して、もしも後者のほうが大きいのであれば、功利主義では「いじめ」が是認されることになる。

　ちなみに、功利主義における快楽を収益に、苦痛を費用に、そして幸福を純利益にそれぞれ置き換えれば、企業経営の基本である費用便益分析そのものである。言い換えれば、企業経営にも功利主義と同じ弱点が存在するということだ。リストラという名の首切りも、一部の社員の犠牲のもとに多数の社員の雇用を維持するという点では、「最大幸福の追求」として正当化されてしまう。

人間性を究極目的としたカント

　第2のアプローチは、自由の尊重である。その典型は、自由至上主義（リバタリアニズム）と呼ばれるもので、基本的人権としての自己所有権を尊重する立場から、他者の権利を侵害しない限り、人間は自らの意思に従っていかなることも行う権利があるとする。

　自由至上主義も、功利主義と同様に取引の自由を主張する。その論拠は、経済合理性とは無関係であり、当事者の自由意思により合意されたことは尊重しなければいけないという考えである。これもシンプルで分かりやすいが、やはり大きな弱点を抱えている。

第5章　リーダーの器

　互いが自由意思に基づいて合意すれば何でも良いのであれば、例えば、売春やドラッグ売買など社会の美徳に反する行為はどうなるのだろうか。自由至上主義の立場からは、このような取引でさえも、自由意思に基づいて合意がなされている以上は「正義」とされる。最近問題となっている児童労働も、児童の自由意思に基づいている以上、どんなに過酷で長時間の労働であっても問題ないということになってしまう。

　こうした疑問への回答として、カントは、「自由」の概念を「自らの法則にしたがって自律的に行動すること」と厳しく制限した。何らかの必要性や選好に基づく行動は、「自らの法則」に従うものではなく、他律的であるために自由には該当しない。その上で、純粋実践理性によって「自らの法則」を模索すれば、人間性を究極目的とすることに帰着するというのがカントの結論である。

　人間は、それ自体が本質的価値を有しているために絶対的に尊重される。言い換えれば、人間には他者の人間性を踏みにじる権利はなく、人間を手段として利用してはならない。売春など社会の美徳に反する行為を自由に取引することが許されないのは、それが人間性を貶めるからである。前述の児童労働も、貧困のため働かざるを得ないという事情が存在する上に、児童から教育機会を奪うという非人間性を考えると、カント的には「正義」と言い難い。

　ちなみに、カントによると、行動に道徳的価値が伴うのは、義務の動機に基づく場合だけである。たとえ社会的に好ましい行動であっても、それが私利に基づくものであれば、もはや正義ではないとする。

　このカントの主張から筆者が思い浮かべたのは、企業統治やCSR（企業の社会的責任）に対する経営者の姿勢である。彼らが書いた文章やインタビュー記事を読んでいると、社外取締役のアドバイスを活かして企業価値の向上につなげたい、CSRをしっかりやることで企業イメージを高めたいといった期待が見え隠れする。

　もちろん企業統治やCSRに積極的なのは悪いことではない。しかし、株主やステイクホルダーの尊重から生じる義務の動機ではなく、会社の利害を動機としている点で、カント的には問題と言わざるを得な

232

い。日本での企業統治やCSRが外形的なものにとどまり、内実が伴っていないケースが多いのも、経営者の動機に問題があるせいではないだろうか。

ロールズによる正義の原理

　カントの論点をさらに一歩進めたのがロールズである。ロールズは、「無知のベール」という概念を発案して正義の原理を考察した。
　この「無知のベール」を被ると、自分の性別、人種、宗教、職業、能力などあらゆる個人情報が消えうせ、自分が何者なのか皆目わからなくなる。このように誰もが自らの有利・不利を知り得ないという原初状態を想定した場合、どのような原理であれば同意できるだろうか。
　功利主義的な原理は絶対に選択されないはずだ。「無知のベール」を脱いでみたら、自分が多数者の福祉のために抑圧される側だったという可能性がある。また、自分が「負け組」かもしれない以上、自由放任を主張する自由至上主義を選ぶわけにもいかない。
　こうした思考の行き着くところは、次の2つの原理となる。その第1は、基本的人権をすべての人々に平等に与えることである。そして第2は、社会的・経済的不平等が存在することを認めるにせよ、その不平等が不遇な人々の利益に適わなければならないというものだ。
　おそらく読者の皆さんは、第1原理には素直に納得できただろう。しかし第2原理に対しては、社会的・経済的不平等は各人の実力を反映したものであって、「不遇な人々の利益に適わなければならない」とするのは行き過ぎと感じたのではないか。
　しかし、そもそも実力とは、生まれ持った才能、身体の健康度、教育機会、両親の裕福度などに大きく左右される。そうした偶然性の高い要素によって所得に格差がつくのはおかしいとロールズは論ずる。「そんなことはない。俺は努力を重ねてのし上がったのだ」と仰る人も、「それでは貴方がアフリカの最貧国のスラムに生まれていたらどうなりましたか」と反問されれば、口ごもるしかないだろう。

第2の原理が意味するところは、報酬の不平等がインセンティブとなって、不遇な人々にプラスとなる活動に有能な人々が熱意をもって参加する限りにおいて、その不平等も正義となるということだ。この発想は、成果主義に対する強烈なアンチテーゼとなる。
　例えば、あるディーラーが株式や外国為替などのマネーゲームでいかに成果を上げたとしても、彼に多額の業績給を与えるのは正義とは言えない。社会の不遇な人々にまったく恩恵をもたらさないからだ。こうした取引には、価格を形成するという重要な役割があると反論されるかもしれない。しかし、金融理論によれば、そうした取引をせずとも、長期的に見れば、実需の取引を通じて価格は適切な水準に必ず落ち着くはずである。
　世の中に経済的な格差が存在するのは、如何ともしがたい現実である。しかし、高所得を享受している人々は、自分の優れた実力に対する当然の報酬ではなく、社会の「おかげ」と謙虚に受け止める姿勢が必要だろう。

サンデル教授の問題提起

　これまで説明した第1の幸福最大化のアプローチも、第2の自由尊重のアプローチも、何が尊重されるべき美徳なのか、より率直に言えば、何が「善」なのかについて論じていない。近代世界では道徳的価値が多元化し、「善」については様々な意見があるため、敢えて「善」についての議論を避け、中立的な視点で正義を論じているのである。
　それに対して第3のアプローチは、まず「善き生き方」という目的があって、それに応じて正義が規定されるとする素朴な道徳概念である。その歴史はアリストテレスにまで遡れるが、「善」を決めることは、特定の価値観の押し付けと見なされるため、現代では省みられることが少なかった。
　しかしサンデル教授は、この古典的なアプローチに新しい息吹を吹き込もうとした。その背景にあるのは、第1・第2のアプローチでは、現

実に我々が直面している道徳的課題に答えられないという問題意識である。サンデル教授は次のように述べている。

　「リベラル派の自由の構想の弱点は、その魅力と表裏一体だ。自分自身を自由で独立した自己として理解し、みずから選ばなかった道徳的束縛にはとらわれないと考えるなら、われわれが一般に認め、重んじてさえいる一連の道徳的・政治的責務の意義がわからなくなる。そうした責務には、連帯と忠誠の責務、歴史的記憶と信仰が含まれる。それらはわれわれのアイデンティティを形づくるコミュニティと伝統から生まれた道徳的要求だ。自分は重荷を負った自己であり、みずから望まない道徳的要求を受け入れる存在であると考えない限り、われわれの道徳的・政治的経験のそうした側面を理解するのは難しい」（文庫版346頁）。

　わかりやすく喩えると、第1・第2のアプローチでは、樋口晴彦（筆者）は独立した個人とされ、その意味では他者とまったく区別がない。しかし、サンデル教授のアプローチでは、樋口晴彦は彼を取り巻くコミュニティとの関係性によって位置付けられる特殊な存在であり、日本人として、父親として、研究者として、仏教徒として、さらには公務員として、彼なりの道徳的責務を背負っているのである。

　欧米と違って一神教の束縛から無縁の日本人には、こうした多元的な思考のほうがフィットしやすいのではないか。その一方で、サンデル教授は、自らのアプローチに基づく「正義」の原理を示していない。というよりも、そもそも多元的思考からは普遍的な原理を導き出せないのであろう。

　その代わりにサンデル教授が提起しているのは、「正義」を追求する姿勢である。具体的には、道徳について人々の間で意見の不一致が生じることを前提とした上で、そうした不一致が顕在化しないように議論を回避するのではなく、むしろ議論を活発化すべきと主張する。サンデル教授は次のように述べている。

　「道徳的不一致に対する公的な関与が活発になれば、相互的尊敬の基盤は弱まるどころか強まるはずだ。われわれは、同胞が公共生

235

活に持ち込む道徳的・宗教的信念を避けるのではなく、もっと直接的にそれらに注意を向けるべきだ——ときには反論し、論争し、ときには耳を傾け、そこから学びながら。(中略) 道徳に関与する政治は、回避する政治よりも希望に満ちた理想であるだけではない。正義にかなう社会の実現をより確実にする基盤でもあるのだ」(文庫版418-419頁)。

この考え方を民間企業に当てはめる場合に格好の素材となるのが、職場のパワハラ問題である。厚生労働省ワーキンググループによるパワハラの定義は、「職務上の地位や人間関係などの職場内の優位性を背景に、業務の適正な範囲を超えて、精神的・身体的苦痛を与える又は職場環境を悪化させる行為」とされている。

この「業務の適正な範囲を超えて」の当否を判断するに当たっては、業種や職種の個別性、経営方針、組織文化や職場内の人間関係など様々な要素を勘案して議論することが必要である。それにもかかわらず、「当人がパワハラと感じたらそれはパワハラと言わざるを得ない」という論法をよく耳にするが、これは一種の思考停止であって「正義」とは言い難い。

 オメラスから歩み去る人々

サンデル教授は、高邁な哲学をわかりやすく説明するため、様々なエピソードを用いている。その中でも筆者にとって最も印象深かったのは、小説「オメラスから歩み去る人々」(ル・グィン著『風の十二方位』に収録)であった。

オメラス(架空の街)は様々な美徳に満ち、誰もが幸せに暮らす理想郷である。しかし、その理想郷を維持するには、何者かとの『契約』を守らなければならない。その『契約』とは、暗く薄汚い地下室に知的障害のある少女を閉じ込めておくことである。

その少女は、暗闇の中にいつも裸でうずくまっている。不潔な環境のために皮膚は膿みただれ、わずかな食糧しか与えられずにやせ細ってい

る。少女もかつては普通に生活していたので、日光や母親の声を思いだ
しては、外に出してちょうだいと訴えるが、誰一人として応える者はい
ない。小説は次のように語る。

　　「もしその子をこの不潔な場所から日なたへ連れだしてやること
　ができたら、もしその子の体を洗いきよめ、おなかいっぱい食べさ
　せ、慰めてやることができたら、どんなにかいいだろう。だが、も
　しそうしたがさいご、その日その刻のうちに、オメラスのすべての
　繁栄と美と喜びは枯れしぼみ、ほろび去ってしまうのだ。それが契
　約の条件である。（中略）条件は厳格で絶対だ。その子には、ひと
　ことの優しい言葉さえ掛けてはならぬことになっている」（『風の十
　二方位』415頁）。

　サンデル教授は、オメラスのエピソードを功利主義に対する批判のた
めに取り上げていた。しかし、この小説を読んで筆者のイメージに浮か
んだのは、個人と組織人のジレンマである。

　オメラスの人々も、個人としては、少女への同情と理不尽な『契約』
に対する怒りを感じている。しかし、オメラスの市民＝組織人としては
現状を受け入れる以外になく、無力感に苛まれている。これは、リスト
ラ部屋に追いやられた同僚や搾取される下請企業、あるいは契約社員た
ちの窮状に見て見ぬふりをせざるを得ない人々に共通する心理だろう。

　さらに言えば、オメラスの少女は、北朝鮮という牢獄に繋がれた拉致
被害者たちのことかもしれない。北朝鮮の核問題は、日本列島に住むす
べての人々に対する重大な脅威であるが、もしも核開発を停止させるた
めに拉致問題の追及を緩めるようなことがあれば、日本はオメラスその
ものとなってしまう。「正義」の問いかけは、決して空理空論の話では
なく、我々の生き方に直結しているのだ。

　小説では、少女の犠牲の上に成り立つオメラスを去る人々もいたと結
んでいる。

　　「こうした人たちは通りに出ると、ひとりきりで通りを歩きだ
　す。彼らはそのまま歩きつづけ、美しい門をくぐって、オメラスの
　都の外に出る。（中略）それぞれに、ただひとりきりで、彼らは山々

237

第5章　リーダーの器

を目ざして、西か、または北へと進む。彼らは進みつづける。彼らはオメラスを後にし、暗闇の中へと歩みつづけ、そして二度と帰ってこない。彼らがおもむく土地は、私たちの大半にとって、幸福の都よりもなお想像にかたい土地だ。私にはそれを描写することさえできない。それが存在しないことさえありうる。しかし、彼らはみずからの行先を心得ているらしいのだ。彼ら―――オメラスから歩み去る人びとは」（『風の十二方位』416-417頁）。

　貴方には、オメラスを歩み去る勇気があるだろうか。誰しも様々な重荷を背負って生きている以上、筆者もきれいごとを言うつもりはない。しかし、自分たちのささやかな幸福が誰かの犠牲の上に成り立っているという心の痛みを忘れるべきではないだろう。

教　訓

　この稿については教訓を書きたくないし、書く必要もあるまい。貴方が働くことの意味は、貴方自身が決めることである。

参考資料
- アーシュラ・K・ル・グィン（1980）『風の十二方位』（文庫版）　早川書房
- マイケル・サンデル（2011）『これからの「正義」の話をしよう　いまを生き延びるための哲学』（文庫版）　早川書房

■著者紹介

樋口晴彦（ひぐち・はるひこ）

1961年、広島県生まれ。東京大学経済学部卒業後、上級職として警察庁に勤務。愛知県警察本部警備部長、四国管区警察局首席監察官のほか、外務省情報調査局、内閣官房内閣安全保障室に出向。ペルー大使公邸人質事件、ナホトカ号重油流出事件、オウム真理教事件、東海大水害など様々な危機管理に従事。現在、警察大学校教授として、危機管理・リスク管理分野を担当し、企業不祥事とマネジメントについて研究。米国ダートマス大学MBA、博士（政策研究）。危機管理システム研究学会理事。著書は、『東芝不正会計事件の研究』『なぜ、企業は不祥事を繰り返すのか』『組織不祥事研究』など多数。

続・なぜ、企業は不祥事を繰り返すのか
重大事件から学ぶ失敗の教訓

NDC336

2017年11月24日　初版1刷発行

定価はカバーに表示されております。

©著　者	樋　口　晴　彦	
発行者	井　水　治　博	
発行所	日刊工業新聞社	

〒103-8548　東京都中央区日本橋小網町14-1
電話　書籍編集部　　　03-5644-7490
　　　販売・管理部　　　03-5644-7410
　　　FAX　　　　　　　03-5644-7400
振替口座　00190-2-186076
URL　http://pub.nikkan.co.jp/
e-mail　info@media.nikkan.co.jp

印刷・製本　新日本印刷㈱

落丁・乱丁本はお取り替えいたします。　　　2017　Printed in Japan
ISBN 978-4-526-07768-5

本書の無断複写は、著作権法上の例外を除き、禁じられています。